# 돈의
## 시그널을
# 읽어라

돈 걱정 없는 삶을 위한 기본서

# 돈의 시그널을 읽어라

**초판 1쇄 인쇄** 2023년 7월 7일
**초판 1쇄 발행** 2023년 7월 15일

**지은이** 최재경

**발행인** 백유미 조영석
**발행처** (주)라온아시아
**주소** 서울 서초구 방배로 180 스파크플러스 3F

**등록** 2016년 7월 5일 제2016-000141호
**전화** 070-7600-8230    **팩스** 070-4754-2473

**값** 18,000원
**ISBN** 979-11-6958-072-4 (13320)

라온북은 독자 여러분의 소중한 원고를 기다리고 있습니다. (raonbook@raonasia.co.kr)

IIIIIIIIIIIIIIIIIIIIIIIIIIIIIIIIIIIIII 돈 걱정 없는 삶을 위한 기본서 IIIIIIIIIIIIIIIIIIIIIIIIIIIIIIIIIIIIII

# 돈의
# 시그널을
# 읽어라

최재경 지음

**당신의 삶을 바꾸는 재테크 노하우를 알려주는**
# 금융지식 전문가의 알기 쉬운 멘토링!

RAON
BOOK

# 내 돈이 보내는 신호를
# 제대로 포착하라

현대 경제학의 아버지라고 평가받는 미국의 폴 새뮤얼슨 교수는 행복이란 '소유를 욕구로 나눈 값'이라고 정의했다. (분모인) 욕구보다 (분자인) 소유가 클수록 행복이 커진다는 것이다. 내가 아는 한, 행복이란 물질적 자원과 상관없이 개인적 행복의 감정으로 이룰 수 있는 어떤 것이다. 다만 새뮤얼슨 교수는 경제학자의 관점에서, 사람들은 한정된 자원을 가지고 있기 때문에 욕구와 소유 사이에서 현명한 선택을 하는 것이 중요하다는 점을 강조하기 위해 이 같은 '행복방정식'을 피력했으리라.

사람을 움직이는 기본 동력은 '욕구'다. 우리는 욕망하는 유기체이자, 욕구로 인해 목표를 세우고 또 성취해나가는 존재다. 그러나 우리들의 '욕구'는 다양해서, 필수적으로 충족시켜야 할 욕구가 있는 반면 다른 자원들과 함께 나의 통제권 안에서 조절이 이루어져야 하는 욕구도 있다. 그래서 욕구보다 소유가 클수록 행복이 커진다는 새뮤얼슨의 방정식은, 곧 욕구를 줄이면 행복이 그만큼 커진다는 의미로 이어진다. 소유와 욕구의 적절한 균형이, 행복한 삶의 요건인 것이다.

고객과 일대일 재무상담을 하거나 청중을 상대로 강연을 진행하면서 나는 대다수의 사람들이 돈을 관리하는 일에서 제각기 시행착오를 반복해오고 있다는 사실과 100세 시대를 걱정 가득한 마음으로 맞이하고 있다는 사실을 피부로 느꼈다. 그러고는 안타까운 마음을 지울 수 없었다. 돈 관리와 이벤트 자금 계획, 현금 흐름에 따른 재무 설계는 우리가 평생 친구처럼 같이 가야 할 '기본 지식'이기 때문이다.

이 책은 내가 배우고 실천해서 달성했고 지금은 현장에서 나누고 있는 것들을 좀 더 많은 사람들과 공유하고, 돈 걱정으로 고민하는 이들에게 적절한 길을 안내하고 싶어 쓴 글이다. 생애 주기별로 현금 흐름을 어떻게 파악하고 저축과 투자, 신용 및 부채관리는 어떻게 해야 하는지, 평안하고 안정된 인생 2막을 준비하기 위해서는 어떤 대비를 해야 하는지 구체적이고 실질적인 도움을 주고 싶었다.

하루아침에 내가 원하는 만큼의 돈을 가질 수는 없다. 돈을 모으려면 그만한 시간이 필요하고, 많은 노력이 필요하다. 그리고 그것들이 투입되어 결과물로 나올 때까지 기다리는 인내도 필요하다. 이 책은 이런 인내의 시간을 좀 더 효율적으로 만들어줄 수 있을 것이다.

내 돈에 대한 통제력을 갖고 싶은 사람, 돈과 관련한 의사결정이나 행동을 제대로 하고 있는지 점검하고자 하는 사람, 지금까지와는 다르게 재무 상황을 개선하고자 하는 의지가 있는 사람, 준비된 인생 2막을 맞이하고 싶은 사람, 진정한 부자가 되기 위해 한 단계씩 실천할 수 있는 사람들에게, 이 책은 현명한 돈 관리 노하우뿐 아니라 재무 전반에 관련한 중요한 '시그널'을 전달해줄 수 있을 것이다.

책은 총 6개 장으로 구성되어 있다. 1장에서는 돈에 대해 그동안 가지고 있던 나의 사고방식은 무엇이고 앞으로 어떤 재무적 의사결정과 행동을 통해 새롭게 정립한 재무적 자유를 이룰 것인가를 살펴본다. 2장에서는 한정된 자원과 욕구의 실현 사이에서 자기만의 원칙을 세우는 일의 중요성과, 스스로 목표하는 라이프 스타일을 실현하기 위한 돈 관리의 중요성을 설파한다. 3장에서는 나와 가족 구성원의 소중한 현재와 미래의 목표에 따라 어떠한 방법으로 돈을 모으고 축적할 것인지 실천 계획을 세우도록 조언하며, 4장에서는 현대인의 삶에서 인간관계뿐 아니라 돈 관리 측면에서의 '신용'의 중요성을 살펴본다. 5장에서는 생애 동안 우리가 직면할 수 있는 다양한 생활 속 위험은 무엇이고, 이 위험에서 나를 포함한 가족의 지속 가능한 행복을 위해 위험관리는 어떻게 해야 하는지 소개한다. 6장에서는 100세 시대를 맞이하여 노후준비는 더 이상 선택이 아닌 필수임을 이해하고, 현재 순간부터 노후준비를 해나갈 수 있는 계획화 실천 방안에 대해 살펴본다.

사람들은 모두 행복할 권리가 있다. 이를 위해서는 소유와 욕구의 적절한 균형이 필수다. 그리고 이 둘이 적절히 균형을 이루었을 때, 우리는 '행복'한 삶이 가능하다. 심각한 경제적 위기 없이 삶을 살고 안정된 노후를 맞이하는 일은 불가능한 일이 아니다. 어느 생애 주기에 있든, 그에 걸맞게 제대로 준비하고 대비한다면 누구나 100세 시대를 살아가는 동안 특별한 경제적 위기 없이 통제 가능한 삶을 살 수 있다. 그 길에 이 책이 소중한 나침반이 되기를 바란다. 그리고 많은 이들이, 모쪼록 내 돈이 보내는 신호를 주의 깊게 읽고 그에 발 빠르게 답할 수 있기를 바란다. 우리 모두의 '돈 걱정 없는 삶'을 위하여!

2023년 7월

최재경

**나와돈,**
**돈과 나의 이야기**

 **돈 관리의 기본,**
**수입과 지출관리**

# 3장 자산을 만들기 위한 저축과 투자

# 신용과
# 부채관리

# 위험관리와
# 보험

# 100세 시대에 걸맞은
# 노후준비

# 1장

# 나와 돈,
# 돈과 나의
# 이야기

# [점검하기]
## '돈에 대한 태도' 자가 진단

돈에 대한 태도는 돈에 대해 가지고 있는 가치관과 성향으로 정서적(감정적), 행동적, 그리고 인지적 3가지 구성요소로 구조화되어 있다. 개인의 실질적인 의식과 행동을 통해 나타나거나 직간접적으로 개인의 재무의사결정 및 행동에 영향을 미칠 수 있는 개인의 심리적인 변수 중의 하나이다. 각 문항을 읽고 평소 본인의 돈에 대한 성향과 일치하는 정도에 따라 1점에서 5점 사이의 숫자를 작성한다. 한 가지, 돈에 대한 태도에는 옳고 그른 답이 있는 것이 아니다. 고민하지 말고 떠오르는 숫자를 바로(2초 이내) 써 내려가면 된다.

• 각 항목별로 1~5점을 기준으로 하여 자신이 생각하는 점수를 체크한다(5점이 가장 그렇다고 생각하는 경우이고, 1점은 그렇지 않다고 생각하는 경우이다).

| 돈에 대한 태도 | 점수 |
|---|---|
| 1. 돈은 가치 있는 것이다. | |
| 2. 돈은 매력적인 것이다. | |
| 3. 돈은 좋은 것이다. | |
| 4. 돈은 중요하다. | |
| 5. 돈은 사람을 타락시킨다. | |
| 6. 부자이면서 동시에 좋은 사람이 되긴 어렵다. | |
| 7. 부자는 대체로 탐욕스러운 경향이 있다. | |
| 8. 나는 신중하게 계획한 예산에 맞추어 돈을 쓰는 편이다. | |
| 9. 나는 내 씀씀이를 관리한다. | |
| 10. 나는 돈에 대해서는 매우 신중한 편이다. | |
| 11. 나는 최고급 상품을 사기 위해 돈을 더 쓰는 편이다. | |
| 12. 나는 대체로 최고급 상품을 사는 편이다. | |
| 13. 나는 가능한 한 가장 비싼 것을 사는 편이다. | |
| 14. 나는 유명 브랜드의 상품을 사는 편이다. | |
| 15. 돈은 인생의 의미를 제공한다. | |
| 16. 돈은 성공을 나타내는 척도라 생각한다. | |
| 17. 돈이 많으면 주위 사람들로부터 존경을 받을 수 있다. | |
| 18. 돈이 내 모든 문제를 해결해줄 것이다. | |
| 19. 성공은 얼마나 많은 돈을 버는가와 관련이 있다고 생각한다. | |
| 20. 돈이면 뭐든지 살 수 있다. | |
| 21. 돈이 많으면 모든 일이 잘 해결될 것이다. | |
| 22. 돈으로 자유를 살 수 있다. | |
| 23. 내 인생의 중요한 목표는 돈을 모으는 것이다. | |
| 24. 돈이 많을수록 더 행복하다. | |
| 25. 나는 항상 돈 걱정을 하는 편이다. | |
| 26. 재무적으로 안정적이지 못할 것 같아 걱정하는 편이다. | |
| 27. 돈에 욕심을 내는 것은 부끄러운 일이다. | |
| 28. 돈은 인생에서 큰 의미가 없다. | |

<진단 결과 알아보기>

- 각 영역별 항목 점수를 합해서 점수 합계란에 적는다. 7개 영역 중 가장 높은 점수가 나오는 영역이 내가 돈과의 관계에서 돈에 대해 갖고 있는 상징적, 심리적 의미에 대해 갖는 느낌, 생각, 가치라고 볼 수 있다. 참고로, 한 개인은 돈에 대해 여러 가지 태도를 갖는 것이 일반적인 특성이며, 소비자 개인의 돈에 대한 태도는 재무적 의사결정 및 행동에 영향을 미치는 것으로 나타났다. 돈에 대한 태도는 정서적 요소(감정적 요소), 행동적 요소, 인지적 요소의 3가지로 구성된다. 감정적 요소는 돈에 대해 가지는 생각, 신념, 느낌으로 좋거나 싫거나 또는 긍정적 부정적 등으로 평가하는 차원이다. 행동적 요소는 돈에 대해 반응하려는 의욕, 선입견으로 행동을 예측할 수 있는 차원이다. 마지막 인지적 요소는 돈에 대해 개인이 가지는 주관적인 신념이나 지식으로 학습, 경험, 상호작용 속에서의 가치관적인 차원을 말한다.

| 항목 | 1~4번 | 5~7번 | 8~10번 | 11~14번 | 15~24번 | 25~26번 | 27~28번 |
|------|-------|-------|--------|---------|---------|---------|---------|
| 점수 합계 | | | | | | | |
| 태도 | 선호 | 배척 | 신중함 | 고급 지향 | 지위 향상 | 걱정 | 회피 |
| 속성 | 정서적 요소 | | 행동적 요소 | | 인지적 요소 | | |

〈출처 : 돈에 대한 태도 척도 개발 및 투자행동에의 적용, 최재경〉

<태도의 해설>

- 선호 : 삶과 일상에서 돈은 중요한 요소로서 가치가 있으며 삶을 윤택하게 하는 것으로 받아들이는 감정
- 배척 : 삶에서 돈은 탐욕이나 타락의 원천이라고 여기는 부정적인 감정
- 신중함 : 미래를 대비하여, 현재의 자원들 중 돈을 계획적으로 관리하는 것에 신중할 것을 중요시하는 행동
- 고급지향 : 고급 상품 구매를 위한 지출에 돈의 활용을 중요하게 다루는 행동
- 지위 향상 : 돈은 지위나 성공의 상징을 나타내고 삶의 문제를 해결해주는 수단이 된다고 믿는 인지
- 걱정 : 돈은 근심과 걱정의 근원이라고 믿는 인지
- 회피 : 돈과 관련한 이슈를 피하거나 가치를 두지 않는 인지

# 나는 언제부터 돈에 대한
# 생각을 했을까

## ‘돈’을 배우지 못한 우리들

우리는 태어나 자라면서 어느 누구에게도 돈을 왜 사용하게 되었으며, 돈을 어떻게 써야 하는지에 대해 배운 적이 없는 것 같다. 다만 초등학교 시기를 거치면서 돈의 모양새에 따라 돈의 크기(가치)가 다르다는 정도만 배운 것 같고, 어린 시절 세뱃돈을 받을 때 동전보다는 지폐를, 지폐 중에서도 어떤 색의 지폐를 받아야 기쁨이 배가 되는지를 어른들의 말과 행동을 보고 미루어 짐작하면서 습득한 것 같다.

돌이켜보면 부모님의 지원으로 살아가던 초등학교, 중학교, 고등학교까지는 돈에 대해 그다지 심각한 고민을 하지 않고 살았던 것 같다. 사회 경험을 시작하는 대학생이 되어서 아르바이트 등을 하며 스스로 돈을 벌기 시작하면서 돈에 대한 고민을 좀 더 심도 있게 하지 않았나 생각된다. 지금 MZ세대에게는 ‘라떼(나 때에는)’처럼 들리는 말일 것이다.

서울학생 노동인권 실태조사(2022. 4.21)에 의하면 중학생 2.8%, 고등학생 11.7%, 직업계고등학교 19.9%가 아르바이트 경험이 있으며, 아르바이트 경험은 음식점이나 패스트푸드점 서빙, 전단지 돌리기, 뷔페/웨딩홀/서빙, 배달노동 등이 있다. 또한 게임 등을 통해 게임머니의 구매나 중고물품의 판매 등을 통해 MZ세대는 우리 세대보다 더 일찍 돈에 노출되고 있다. 지금까지 '돈은 도대체 뭐지?', '나는 돈에 대해 어떻게 생각하고 있을까', '나는 어떤 생각으로 돈과 관련한 의사결정이나 행동을 하지?', '나와 돈과의 관계는 어떻고, 과연 바람직한 것인가'라고 스스로에게 물어본 적이 없었다면 한 번쯤 돈을 바라보는 나의 사고방식을 돌아보는 시간을 가져보기를 권한다.

## 무의식적으로 습득한 돈에 대한 사고방식

미국 심리학자 앨버트 반두라(Albert Bandura)는 '사람의 행동은 사회적 상황에서 다른 사람의 행동을 관찰하고 모방한 결과로 이루어진다'고 보는 사회학습이론의 주창자다. 흔히 '모델링(modeling)'이라고도 부르는 이 이론을 성인의 돈에 대해 생각하는 방식과 행동에 적용해보자.

일반적으로 개인이 성장하면서 경험하는 다양한 사회적, 문화적, 경제적인 상황들은 개인의 돈에 대한 신념, 가치관, 사고방식을 형성하는 데 중요한 역할을 하고 재무 행동방식에까지 적지 않은 영향을 미친다고 한다. 즉 어린 시절 돈과 관련한 상황에 의해 습득된 것이 성인의 삶에서도 중요한 역할을 한다고 할 수 있다는 말이다.

먼저 가까우면서 영향력이 가장 큰 부모와의 관계에서 부모가 자녀에게 보여준 돈에 대한 시각과 돈을 다루는 방식 등은 어린 자녀들의 돈에 대한 인식을 형성하는 데 가장 중요한 역할을 할 수 있다. 예로서 부모의 돈과 관련한 균형 잡힌 삶의 모습에 대한 기억, 부모가 돈 문제로 부부싸움을 하는 것을 봤던 기억, 부모가 돈에 대해서는 비밀이 많았던 기억, 부모가 돈을 대가로 애정의 표시나 순종을 요구했던 기억 등이 있을 수 있다. 성장 과정에서 경제적으로 안정적인 가정에서 자란 사람은 돈에 대한 걱정이나 필요성보다는 사람과의 인간관계나 삶의 질 등을 더 중요한 가치로 할 수 있는 반면에 경제적으로 어려운 가정에서 자란 사람은 돈에 대한 중요성을 더 강조할 가능성이 높은 점 등이다.

결론적으로, 돈에 대한 한 사람의 생각이 형성되는 시기, 배경 및 동기는 개인마다 다르며, 이는 그 개인의 경험, 문화, 사회적 배경, 교육 수준, 직업, 시대적 상황 등 여러 요인들과 어우러져 돈에 대한 사고방식이 결정된다는 것이다.

## 돈에 대해 갖고 있는 사고방식을 체크하자

교환의 매개수단, 가치를 재는 수단, 그리고 가치를 쌓는 수단으로 이용되는 돈. 그러나 현대사회에서 돈은 그 이상 더 많은 의미를 갖고 있다고 할 수 있다. 미국의 심리학 박사인 브래드 클론츠(Brad Klontz)와 공저자들은 저서 《머니스크립트》(양세정 외 옮김, 시그마프레스, 2016)에서 돈에 대해 갖고 있는 사고방식과 부 사이에 연관관계가 있다는 것을 실전 임상의 경험과 연구를 통해 밝혀냈다. 그들은 특별히 사람마다 돈에 대해 갖는 사고방식 체계를 '돈에 대한 대본' 즉 '머니 스크립트(money script)'라고 정의했다.

스크립트가 무엇인가? 영화나 방송의 대본으로 배우는 대본에 따라 극 중 역할을 수행하는 것을 보게 된다. 어린 시절 사회화 과정 중에 돈에 대한 사고방식, 즉 머니 스크립트가 형성되고, 이것이 인생 경험을 통해 강화되며, 가족 내 세대에서 세대로 전해지는 무의식적인 말과 행동으로, 돈과 관련한 모든 의사결정 및 재무행동에 직간접적으로 영향을 미친다는 것이 이 책의 저자들 주장이다.

개인재무 상담과 교육을 하는 나는 많은 고객들이 돈 관리에 대한 고유의 사고방식을 갖고 있다는 것을 현장에서 볼 수 있다. 전문가인 나를 만나기 전, 가계의 재무상황이 어려워지면서 개선을 시도했지만 잘 안 되었고 그 이유를 모르겠다고 호소하는 그들을 보면서, 나는 개인이 갖고 있는 머니 스크립트가 특별히 비합리적인 재무 행동과 관련해서 어떤 특성을 보이는지 궁금했다. 브래드 클론츠 박사가 개발한 돈에 대한 태도를 측정하는 도구 중에는 'Klontz-MSI'라는 척도가 있다. Klontz-MSI 척도는 돈과 관련한 의사결정이나 행동 가운데 특히 부정적인 영향을 미칠 수 있는 돈에 대한 태도를 보는 측정 도구로, 돈으로 인한 스트레스를 가지고 살아가는 현대인을 대상으로 측정하는 데 유효할 수 있다.

## 한번 형성된 머니 스크립트 바꾸기
2016년 나는 Klontz-MSI 척도를 활용해 청소년기를 지나 성인에 막 진입한 우리나라 대학생 246명을 대상으로 그들의 돈에 대한 태도를 살펴보는 연구를 진행했다. 해당 연구의 결과를 잠깐 살펴보면, 연구 대상의 대학생들이 갖고 있는 머니 스크립트는 크게 4가지 성향으로 나타났다.

첫째, 돈이 많을수록 삶이 더 나아지고 모든 문제를 해결할 수 있으리라 생각하며 돈을 숭배하고 집착하는 태도

둘째, 돈은 사람과의 관계를 불편하게 악화시키는 요인으로서 믿는 불안의 원천이라는 태도

셋째, 자신의 소득과 재산에 대해 드러내고 싶어 하지 않는 폐쇄적 태도

넷째, 저축의 중요성을 알고 절약을 하지만 미래에 자신이 원하는 것이나 돈을 가질 수 없을 것이란 걱정으로 자신감이 부족한 태도

연구결과 중 흥미로운 점은 한 개인은 한 가지가 아닌 여러 가지의 머니 스크립트 성향을 보유한다는 것이다. 예를 들어, 돈을 숭배하며 집착하는 태도가 대표 성향으로 나타났지만 돈을 가질 수 없을 것에 대한 걱정, 돈과 관련하여서는 숨기고자 하는 등 여러 성향을 동시에 갖고 있다는 점이다.

그럼 한번 형성된 부정적인 머니 스크립트는 평생 바꿀 수 없을까? 결론부터 말하면 '아니다'. 다시 시작하기에 늦은 것은 세상에 없다. 혹시 성장기에 있는 자녀가 있다면 먼저 부모가 돈과 관련한

균형 잡힌 삶을 보여주고 돈과 관련하여 건전한 행위를 가르칠 수 있다. 때로는 가족이 함께 돈에 대한 사고방식을 재정립하기 위해 돈에 대한 대화를 허심탄회하게 나누면서 그에 따른 재무행동을 실천하는 훈련을 반복하다 보면 긍정적으로 건강한 머니 스크립트를 재형성할 수 있다. 참고로 브래드 클론츠 박사가 연구에서 알게 된, 경제적 삶을 망치는 머니 스크립트와 부자가 되는 것과 관련 있는 머니 스크립트를 몇 가지 소개하면 다음과 같다.

<경제적 삶을 망치는 머니 스크립트>

- **돈은 나쁜 것이야** (돈이 있음으로 해서 사악해지고 불행해진다고 믿는 것으로 이러한 머니스크립트에 따라 무의식적으로 행동한다면 경제적 발전 가능성을 무의식적으로 피하게 되어 재산을 모으는 데 어려움을 겪게 되는 경향이 있음)

- **나는 돈을 가질 자격이 없어** (스스로 돈을 벌지 않았거나 자신의 것이라고 온전히 인정할 수 없는 돈으로 얻을 수 있는 즐거움은 누려서는 안 된다고 믿는 것으로 자신의 능력보다 더 적은 돈을 벌거나 경솔한 금전적 결정을 내리는 경향이 있어 경제적으로 성장할 기회를 잃게 되는 경향이 있음)

- **돈에 관해 이야기하는 것은 점잖지 못해** (돈에 관한 이야기를 가장 금기시되는 주제로 믿고 돈을 벌고 관리하는 것에 관해 소통하지 않아서 경제적 발전 가능성을 회피할 경향이 있음)

<부자가 되는 것과 관련 있는 머니 스크립트>

- **미래를 위해서 저축하는 것이 중요해** (얼마나 많이 버는 것이 중요한

것이 아니라 미래를 위해 저축하는 것이 중요하다는 것으로, 저축이 부자가 되는데 중요함을 강조)

- 돈이 있으면 자유로울 수 있어 (돈은 자유를 제공하고 선택가능성을 높일 수 있으므로 열심히 돈을 벌어야 함을 의미)
- 충분한 돈을 갖고 있어도 일을 열심히 해야 해 (더 많은 시간 일을 하고 열심히 일해야 한다는 믿음은 소득과 순자산의 증가와 관련이 있음을 의미)

# 돈 문제와
# 돈 걱정은 '다르다'

## 돈의 역할과 중요성

돈은 현대사회에서 매우 중요한 역할을 한다. 돈은 생활비, 주거비, 교육, 의료, 여가 등의 다양한 생활 영역에서 비용을 지불하는 데 필요하다. 때로는 돈은 사업을 시작하거나 투자를 할 때 필수자금으로도 필요하다. 따라서 돈은 사람들이 생활을 유지하고 성장하는 데 매우 중요한 역할을 한다.

하지만 돈이 삶에서 중요한 만큼 돈 문제와 걱정은 많은 사람들에게 스트레스와 불안을 일으키는 주요한 요인 중 하나이다. 돈에 대한 부정적인 생각과 감정은 건강, 관계, 일, 가족 등의 다른 측면에도 영향을 미칠 수 있기 때문이다. 따라서 돈을 다룰 때 합리적으로 생각하고 관리하는 것이 중요하다.

## 돈 문제와 걱정의 차이

돈 문제와 걱정은 관련이 있지만 별개의 개념이다. 돈 문제는 개인의 재무적 의무를 이행하거나 재무적 목표를 달성하는 능력에 영향을 미치는 부채, 부족한 소득, 예상치 못한 지출 등 개인이나 가계가 겪을 수 있는 실제적이고 구체적인 재정적 어려움을 말하며, 상당한 스트레스와 불안을 야기할 수 있다. 돈 문제는 객관적이고 측정 가능하며, 종종 예산 세우기, 재무 계획, 부채관리와 같은 특정한 해결책이나 전문적인 조언을 구하는 것과 같은 구체적인 해결책이 필요할 수 있다.

반면에, 돈 걱정은 구체적인 금전적 문제의 유무와 관계없이 개인들이 재정적인 걱정의 결과로 경험할 수 있는 감정적, 심리적인 고통을 말한다. 돈 걱정은 실제 경제적인 어려움이 없는 상황에서도 돈에 대한 우려나 두려움을 포함할 수 있다. 실직에 대한 두려움, 미래의 재무적 안정에 대한 불안, 과거의 재무적 의사결정에 대한 죄책감, 경제적 불확실성 또는 다른 사람들과의 사회적 비교와 같은 다양한 원인에서 발생할 수 있다. 이러한 걱정들은 불안, 스트레스, 그리고 미래에 대한 불확실성의 감정으로 이어질 수 있다. 돈 걱정은 주관적이며 개인의 믿음, 가치관, 그리고 돈에 대한 태도에 의해 영향을 받을 수 있다.

돈 문제와 걱정은 별개의 개념이지만, 종종 연관되어 있다. 돈 걱정은 실질적인 재무적 결정을 내리거나 금융 문제를 해결하기 위한 조치를 취하는 것을 더 어렵게 함으로써 기존의 돈 문제를 악화시킬 수도 있다. 반대로, 구체적인 돈 문제를 해결하는 것은 재무 상황에 대한 통제를 통해 돈 걱정을 완화하는 데 도움이 될 수 있다.

한편, 돈 문제와 걱정은 상호 유사해 보이거나 겹칠 수도 있어, 개인이 다른 것 없이 하나를 경험하는 경우도 있다. 예를 들어, 소득이 높고 부채가 없지만 재정에 대한 기본적인 믿음이나 태도로 인해 여전히 돈과 관련된 불안과 걱정을 경험할 수 있다. 마찬가지로, 구체적인 재정적 어려움을 겪을 수 있지만 감정을 관리하고 과도한 걱정이나 고통을 조절할 수도 있다. 돈 문제와 걱정의 차이를 인식하는 것은 중요하다. 왜냐하면 어떤 것이냐에 따라 해결하기 위한 과정이나 방법이 다를 수 있기 때문이다.

## ▌돈 문제와 걱정의 원인 및 부작용

통상적으로 돈 문제와 걱정은 개인이나 가계가 자신들의 금전적인 이슈에 대해 부정적으로 인식하고 불안을 느끼는 상황을 말한다. 이는 많은 사람들이 겪는 문제 중 하나로, 금전적인 부족, 빚, 지출 초과, 수입 감소, 취업 문제, 건강 문제 등 다양한 원인이 있을 수 있다.

돈 문제의 대표적인 사례는 다음과 같다.

- 신용카드 대금이 지속해서 늘어나며 갚을 수 없는 상황에 빠진 경우
- 갚아야 할 대출금리가 높아 이자 부담이 커져 상황이 악화되는 경우
- 생활비에 비해 소득이 적어 저축이나 투자를 할 여력이 없는 경

우

- 생활비를 절약하려고 노력해도 필수 생계비가 부족한 경우
- 의료비나 교육비 등 예상치 못한 비용에 쓸 수 있는 비상자금이 없는 경우
- 대출을 연속적으로 받아 이자와 원금 상환에 어려움을 겪는 경우 등

돈 문제의 주요 원인 중 하나는 수입이 부족하거나 비상자금이 준비되어 있지 않는 경우이다. 이는 불안정한 일자리, 시간당 임금이 낮은 일자리, 취업 문제 등이 원인이 될 수 있다. 또한 지출이 수입보다 많은 경우, 즉 소비가 지나치게 많은 경우도 돈 문제를 유발할 수 있다. 더불어 복잡한 금융상품이나 불필요한 레버리지로서 부채를 일으킨 경우 등과 같은 잘못된 금융 판단이나 계획이 돈 문제의 원인이 될 수 있다.

돈 걱정의 대표적인 사례는 다음과 같다.

- 이번 달 지출이 많아져서 다음 달 생활비 부족이 생길 것에 대한 두려움
- 별도의 여유자금이 없는데 갑작스러운 긴급 상황이 발생할 것에 대한 염려
- 대출 상환 등 금융 부채에 대한 걱정이 지속적으로 발생하는 경우
- 미래를 위한 저축과 투자가 부족하다고 느끼는 경우

• 연봉 인상이나 승진 기회를 놓쳤을 때 경제적인 어려움이 예상되는 경우 등

돈 걱정의 원인 중 하나는 불확실성이다. 예기치 못한 상황이 발생할 가능성에 대한 불안감이나, 미래에 대한 불확실성, 금융시장의 불안정성 등이 원인이 될 수 있다. 또한, 가족이나 친구, 사회적 상황 등에서 비롯되는 타인과의 비교나 경쟁, 소비문화 등도 돈 걱정의 원인이 될 수 있다.

돈 문제와 걱정은 다른 원인과 해결책을 가질 수 있지만, 둘 다 개인의 정신적, 신체적 건강 및 행복에 상당한 영향을 미칠 수 있다. 돈 문제와 걱정은 스트레스, 불안, 우울증, 무력감, 수면 문제, 삶의 질 저하 등의 부작용을 유발할 수 있다. 이러한 문제들은 합리적인 재무관리와 금융 교육, 개인의 재무계획과 우선순위 설정, 그리고 금전적인 문제에 대한 대처 능력 향상을 통해 해결할 수 있다.

## 돈 문제와 걱정의 해결방안 및 예방하는 방법

돈 문제는 채무불이행, 긴급한 의료비 부담, 식비나 주거비를 내기 어려운 상황 등 실제로 금전적인 어려움이나 위기 상황을 해결하기 위한 예로서 재무 계획이나 부채상환과 같은 즉각적이며 실질적인 해결책이 필요할 수 있다. 반면에 돈 걱정은 급여가 충분한지, 미래를 위해 적극적으로 저축하고 있는지, 부채를 상환할 수 있는지, 재무목표를 달성할 수 있는지 등 일상적인 지출과 생활비 문제뿐만 아니라 미래에 대한 자금 모으기나 부채 상환 등 매우 다양한 요소

들에 대한 걱정이 포함되어 있다. 현재나 미래에 대한 금전적인 불안감을 해결하는 것은 재무적 안정을 위해 계획적인 돈 관리가 필요하거나, 개인이 돈과 관련된 감정과 신념을 관리하는 데 도움이 되는 심리적 지원이나 치료를 필요로 할 수 있다.

돈 문제와 걱정을 해결하는 방법 중 가장 기본적이고 중요한 것은 합리적인 예산관리이다. 지출 계획을 통해 지출을 제한하고, 저축을 통해 재무적 안정을 확보하는 것이다. 또한 빚을 갚는 것이 중요한데, 이를 위해서는 빚의 종류와 상환 조건을 파악하고 상환 계획을 세우는 것이 필요하다. 더 나아가서는 저축과 투자를 통해 자산을 불리고 다양한 수입원을 확보할 수도 있다. 예를 들어, 부동산 투자, 주식투자, 채권 투자, 예금 등을 통해 수익을 창출할 수 있다. 또한 현재 소득이 부족하거나 지출이 많아 돈 문제와 걱정이 발생했다면 부업, 판매, 투잡 등으로 추가적인 수입을 만드는 방법도 있다.

끝으로, 돈 문제와 걱정은 단순히 돈의 양적 문제가 아니라 심리적인 부담도 크기 때문에, 마인드 셋(mind set)과 지출 습관을 바꾸는 것도 중요하다. 소비 패턴을 바꾸고, 불필요한 지출을 줄이는 등의 노력을 통해 돈 문제와 걱정을 사전에 예방하고 가계의 재정 상황을 개선하는 것이 중요하다. 또한, 금융 교육을 받거나 금융 전문가의 조언을 듣는 것도 도움이 된다.

# 돈으로부터 자유로워진다는 것의 의미

## 돈과 삶은 어떤 관계일까

돈과 삶의 관계는 복잡하고 다면적이다. 삶에서 우리의 경험과 기회를 형성하는 데 돈이 무엇보다 중요한 역할을 하기 때문이다. 돈은 자원에 대한 우리의 접근, 삶의 질, 그리고 심지어 우리의 자존감에 영향을 미칠 수 있다. 한편으로, 돈은 우리에게 안정감과 자유로움을 제공할 수 있다. 의식주와 같은 우리의 기본적인 필요를 감당할 수 있는 충분한 돈을 갖는 것은 스트레스를 줄일 수 있고, 우리가 개인적인 관계, 취미 그리고 개인적인 성장과 같은 우리 삶의 다른 영역에 집중할 수 있도록 해줄 수 있다. 게다가 재무적인 자원을 갖는 것은 우리의 삶을 풍요롭게 할 수 있는 여행, 교육, 그리고 다른 경험들을 위한 기회를 열어줄 수 있다.

반면에, 돈은 도전과 스트레스를 가져올 수 있다. 돈을 추구하는 것은 긴 노동 시간, 개인적인 관계와 자기 관리의 소홀, 그리고 삶의 다른 측면을 희생시키면서 물질적인 소유에 집중하는 것으로 이어질 수 있다. 게다가 재무적 자원의 부족은 우리의 선택과 기회를 제한하고 심지어 우리의 건강과 행복에 영향을 미칠 수도 있다.

돈만으로 인생의 행복이나 성공이 결정되는 것은 아니라는 점에 주목하는 것이 중요하다. 연구에 따르면, 일정 수준의 소득을 넘어선 추가적 돈이 반드시 더 큰 행복이나 삶의 만족으로 연결되지 않는 것(이스털린의 역설)을 알 수 있다. 개인적인 인간관계, 목적의식, 긍정적인 전망과 같은 다른 요소들은 전반적인 행복과 성취감에 더 중요할 수 있다. 궁극적으로 돈과 삶의 관계는 복잡하고, 개인의 상황과 우선순위에 따라 달라진다. 재무적 자원이 안정감과 자유를 제공할 수 있지만, 그것들이 삶의 행복과 성공을 결정하는 유일한 요소는 아니다.

## ▌돈과 삶은 재무적으로도, 비재무적으로도 서로 연결된다

돈과 삶을 재무적인 관점에서 볼 경우, 우리는 돈을 개인의 재무 목표를 달성하고 성취감 있는 삶을 영위할 수 있게 해주는 중요한 자원으로 바라볼 것이다. 이러한 관점에서는 돈이 교육, 여행, 취미와 같은 개인적인 열망뿐 아니라 기본적인 욕구를 충족시키는 데 필요한 재화와 서비스를 얻도록 돕는 도구이자 수단으로 간주된다.

개인은 미래를 위해 돈을 저축하고 투자 수익을 창출할 자산에 투자하는 등 부를 축적하는 경향이 있다. 이 과정에서 재무 계획, 예산 및 투자, 그리고 위험관리는 개인이 돈을 효과적으로 관리하고 재무 목표를 달성하기 위한 필수 도구들이다. 그렇기에 재무적 관점에서의 성공은 종종 순자산, 소득, 재무적 안정성 측면에서 측정된다.

반면에 돈과 삶을 비재무적인 관점으로 볼 때는 돈으로 살 수 없는 무형의 것들이 부각된다. 이러한 관점에서는 돈이 행복의 유일한 결정 요인이 아니게 되며, 상당한 부를 쌓지 않고도 저마다 만족스러운 삶을 살 수 있다는 생각에 초점이 맞춰진다. 오히려 사회적 관계, 공동체 참여, 개인적 성장, 영적인 성취, 목적의식 등이 행복과 웰빙(참살이)을 추구하는 삶에서 더 중요하다는 것, 곧 돈 그 자체에 무게중심이 놓이기보다는 최소한의 필요를 위한 도구이자 수단이라고 생각할 수 있다. 다시 말해, 비재무적 관점에서 개인은 물질적 소유보다 관계, 경험, 개인적 발전을 우선시하는 경향이 있다는 말이다.

우리는 자신의 가치와 열정에 맞는 직업을 선택하고, 일보다 여행과 여가 시간을 우선시하며, 각자에게 즐거움을 주는 취미와 관심사를 추구할 수 있다. 따라서 비재무적 관점에서의 성공은 종종 개인적 성취감, 만족감, 행복감, 그리고 목적의식의 측면에서 측정된다.

그러나 궁극적으로, 돈과 우리의 삶은 재무적으로도, 비재무적으로도 서로 연결되어 있다. 재무적 관점과 비재무적 관점이 대립되는 것처럼 보일 수 있지만 상호 배타적인 것은 아니라는 것이다. 재무적 안정성은 기본적인 욕구를 충족시키고 장기적인 목표를 달성하는 데 중요하고 사회적 관계, 개인적인 성장, 목적과 같은 비재무적인 요소들은 행복과 웰빙에 중요한데, 우리 삶에서는 이 두 가지가 모두 중요하고 균형을 이루어야 하기 때문이다. 대부분의 사람들은 둘 사이의 균형이 만족스러운 삶을 이루기 위해 필수적이라는 사실에 동의할 것이다.

## ▌바라는 삶을 사는 게 자유다

돈에서 자유롭다는 것은 개인이 경제적인 걱정이나 한계에 얽매이지 않고 바라는 삶을 살 수 있다는 것을 의미한다. 재정적인 문제나 스트레스에 지나치게 집중하지 않고 자신의 기본적인 욕구를 충족시키고 재무 목표와 삶의 의미를 추구하는 데 필요한 자원과 수단을 갖는 것을 의미한다. 여기서 유의해야 할 점은, 돈으로부터 자유롭다는 것이 반드시 부자가 되거나 물질적 소유물을 많이 갖는 것을 의미하는 것은 아니라는 점이다. 오히려 일상생활에서 편안함과 안정감을 느낄 수 있을 만큼의 재정적 안정감을 갖추고 재정적 필요에 의해 움직이는 것이 아니라 자신의 가치와 목표에 맞는 선택과 활동을 추구할 수 있는 자유를 갖는 것을 의미한다. 그리하여 노후에는 하기 싫은 일은 하지 않고, 하고 싶은 일에 집중할 수 있는 삶을 살 수 있다는 의미다.

재무적 자유를 얻기 위해서는 일반적으로 신중한 계획, 의식적인 소비 습관, 그리고 종종 장기적인 투자 마인드가 필요하다. 그것은 수년 또는 수십 년에 걸쳐 돈을 저축하고 투자하는 것, 그리고 재무 목표를 달성하기 위해 한정적인 자원을 사용하는 방법에 대한 의도적이고 절제된 선택을 포함한다. 재무적 자유가 많은 사람들에게 중요한 목표이지만, 그것이 성취감 있는 삶으로 가는 유일한 길이 아니라는 것을 인식하는 것도 매우 중요하다. 개인적인 관계, 의미 있는 일, 그리고 개인적인 성장 또한 전반적인 행복에 중요한 요소로 재무적인 수단만으로 완전히 달성될 수 없을 수 있다는 점을 이해해야 한다. 게다가 재무적 자유를 성취하는 것은 때때로 사회적인 관계나 건강과 같은 삶의 다른 측면들을 희생시킬 수 있다는 점도 유의해야 한다.

궁극적으로, 돈으로부터 자유로워지는 것은 돈 걱정이나 제약에 얽매이지 않고 나의 가치와 우선순위에 맞는 삶을 추구할 수 있다는 것이다. 경제적 필요성보다는 개인적 성취와 행복을 위한, 충실하고 의미 있는 삶을 살기 위해 재무적 안정과 삶의 다른 중요한 측면 사이의 건강한 균형을 이루는 것이다.

# 나만의 돈 관리
# 원칙을 세우자

## ▎돈에 대한 태도는 재무 행동에 중요하게 작용 한다

돈에 대한 태도는 개인의 재무 행동에 큰 영향을 미친다. 개인의 돈에 대한 태도는 개인의 가치관, 문화적 배경, 가족 환경, 교육 수준, 성격 등의 다양한 요소에 영향을 받는다. 일반적으로 돈에 대한 태도가 긍정적이고 건강하면 개인은 재무적으로 적극적인 태도를 취할 가능성이 높아지며, 자신의 재무 상황을 효과적으로 관리하는 경향이 높다고 할 수 있다.

반대로, 돈에 대해 부정적인 감정이나 태도를 가진 사람은 자신의 재무적 상황을 관리하기 힘들어하거나 적극적으로 행동하지 않을 가능성이 상대적으로 높을 수 있다. 이러한 성향의 사람은 돈 관리에 미숙하거나 미래를 위한 저축 또한 우선순위에 두지 않으며, 불필요한 소비나 빚으로 재무적 위기를 초래할 가능성이 높은 것으로 나타난다. 결론적으로, 돈에 대한 태도가 긍정적인 경우 효율적인 돈 관리와 미래를 위한 장기 계획을 수립하고 실행할 가능성이 높아 재무적인 안정과 성공을 이룰 가능성이 높다는 것이다.

## 생애 중반에 만난 '재무설계'

나는 가끔 '나의 미래는 어떨까?' 하는 생각을 하곤 했다. 주위 사람들은 "아마도 괜찮지 않을까?", "걱정하지 마. 잘 살고 있는데 뭘 걱정해", "우리가 알 수 없는 영역인데 어떻게 되겠지. 그런 것에 너무 시간 낭비하지 마" 등 여러 가지의 말들을 해준 걸로 기억한다. 내가 해답 찾기 어려운 질문으로 심각함에 빠질까 봐 해주는 위로의 말들이려니 하는 생각으로 받아들이고 있었다.

나의 궁금증 아니 어쩌면 미래에 대한 불안에 대한 답을 찾을 수 있는 기회를 만난 것은 40대 중반을 막 지나고 있을 때였다. 당시 나는 20여 년을 넘게 일했던 무역업을 떠나 아들의 대입 수험생 생활을 막 뒷바라지하기 시작했던 시기였다. 아들이 등교하고 나면 할 일이 없던 나는 늘 무언가 일을 하며 시간을 보내던 습관에 따라 동네 문화센터에서 무언가 배울 것이 없을까 하고 기웃거리다 듣게 되었던 다양한 강연들 중 지금의 나를 만들게 되었던 하나의 강연을 듣게 되었다. 미래의 자산관리와 관련 있는 내용으로 그중 돈에 대한 계획 및 관리의 중요성을 얘기하는 '재무 설계'를 만난 것이다.

그전까지 당장 눈앞의 돈 쓸 일만 생각하고, 장기적인 재무 계획이란 개념조차 없던 나에게 재무 설계라는 개념은 그야말로 사막의 오아시스와 같았다. 당시 나는 전문가의 도움을 받아 우리 집의 재무 상태 점검을 시작했다. 만일 그때 지출관리에서 위험관리, 부채

관리, 투자, 절세, 은퇴 설계에 이르기까지 우리 집에 최적화된 재무설계를 진행하지 않았다면 아마도 지금의 준비된 노후를 맞이할 수 없었을 것이라 확신한다. 이러한 확신은 재무설계사로 고객을 만나거나 소비자학 박사로서 학생을 만나 재무설계를 알리면서 나만의 미래만 아니라 고객과 학생의 미래도 더 나아지도록 도움을 주었다고 생각한다. 미래가 불확실하고 불안하다면 지금이라도 시작하면 된다. 시작하지 않는 것이 무서운 것이다. 시작하기에 늦은 때는 없다. 나의 미래는 누가 만들어주는 것이 아니라 바로 내가 만드는 것이기 때문이다.

## ▌나와 돈과의 관계를 개선하기 위한 돈 관리 원칙과 기준

내가 꿈꾸던 돈으로부터의 완전한 자유는 부자가 되는 것이 아니라 내가 돈의 노예로 살지 않고 내 삶의 주인이 되겠다는 의미이다. 여기에는 다른 사람과의 비교 없이 내가 살고 싶은 방향으로 사는 것과 적어도 내가 돈을 꼭 써야 할 일이 있을 때 준비된 자금이 있어서 망설이지 않고 지출할 수 있는 것이 포함된다. 현재 이 두 가지를 누리며 살 수 있는 것은 나름의 돈 관리 원칙이 있었기에 가능했다. 실천적인 단계와 생각의 변화라는 조화로움에서 재무적 스트레스를 줄이고 나와 돈과의 관계를 개선하기 위해서 100세 시대의 삶을 살아가는 현대인이라면 경제 상황, 세대 등에 상관없이 고려해야 할 10가지 원칙과 기준을 다음과 같이 제안한다.

　1. 원칙 : 수입보다 지출이 적어야 한다.

기준 : 매달의 수입과 지출을 기록하고 분석하여, 수입보다 지출이 적어지도록 노력한다. 이는 현재 자신의 재무상황을 파악하고, 불필요한 지출을 줄이고 저축을 늘릴 수 있게 한다. 만일 수입을 늘려야 한다면 임금 인상을 요구하거나 부업을 시작하거나 더 높은 임금을 받는 직업 기회로 이어질 교육이나 훈련을 추구하는 것과 같은 소득을 증가시키는 방법을 고려한다.

2. 원칙 : 재무목표 세우기를 생활한다.

기준 : 주기적으로 가계의 재무상황을 체크한다. 가족구성원의 가치와 목표 달성을 위한 우선순위에 따른 스마트한 재무목표를 설정하고 이를 달성하기 위한 저축 및 투자를 생활화한다.

<스마트(SMART) 목표란?>

- Specific (달성하고자 하는 목표에 대한 구체적·세부적 설정이 기본이다)
- Measurable (측정 가능한 목표와 기준을 세워 달성도를 점검하며 최종 목표를 이룬다)
- Achievable (나의 자원과 노력으로 실질적으로 성취될 수 있는 목표를 세워야 한다)
- Realistic (목표를 달성하기 위한 계획과 실천이 현실적으로 이루어질 수 있어야 한다)
- Time-bound (목표의 실현 기한이 정해져야 한다)

3. 원칙 : 예산을 세워서 지출한다.

기준 : 매월 자신의 지출 계획을 세우고, 계획에 따라 지출하는 것을 지키도록 노력한다. 이를 통해 지출을 통제하고 효율적으로 돈을 사용할 수 있다.

4. 원칙 : 비상예비자금을 준비한다.

기준 : 전용계좌를 만들어 월 생활비의 3~6개월분의 금액을 비상 자금으로 적립해둔다. 예상치 못한 긴급 상황이 발생해도 금전적인 어려움을 최소화할 수 있어 스트레스를 줄일 수 있으며 추가적인 빚이 생기지 않도록 할 수 있다.

5. 원칙 : 빚을 갚는다.

기준 : 가능한 빚을 조기에 상환하기 위해 포기하지 않고 조금씩이라도 갚는 것이 중요하다. 빚을 갚기 위해 가족 모두가 함께해야 하며, 빚에서 벗어나 경제적인 안정을 유지한다.

6. 원칙 : 장기 재무계획을 세운다.

기준 : 장기적인 재무 목표를 설정하고, 이를 위한 구체적인 계획을 세운다. 예를 들어, 자녀 교육비를 위한 계획, 내 집 마련 계획, 노후생활비 준비 계획 등을 세우고 목표를 달성하기 위한 자금 계획을 세운다. 이는 미래에 대비한 재무적 안정성을 확보하게 해준다.

7. 원칙 : 미래에 대비하여 저축과 투자 한다.

기준 : 미래의 자신을 포함한 가족을 위해 저축한다. 예를 들어, 교육비, 주거비, 의료비, 노후준비 등을 위해 매월 일정 금액을 저축하는 것이 중요하며 이를 통해 미래에도 경제적인 안정을 유지할 수 있다.

8. 원칙 : 다양한 자산을 보유한다.

기준 : 가능하면 다양한 종류의 자산을 보유한다. 예를 들어 주식, 채권, 부동산, 현금 등 다양한 자산을 보유함으로써 위험을 분산시키고, 자산의 안정성과 수익성을 동시에 추구한다.

9. 원칙 : 위험관리를 한다.

기준 : 장기간 보험료를 납부하는 데 문제가 없도록 월 생활비 중 과도한 비용 지출이 되지 않도록 한다.

10. 원칙 : 기부를 한다.

기준 : 자신의 수입에 비해 적절한 금액의 기부를 지속적으로 실천한다. 사회구성원으로서 자신의 가치관과 사회적 책임을 실천할 수 있다.

이러한 돈 관리 원칙을 준수함으로써, 보다 안정적이고 효율적인 재정관리가 가능해질 수 있으며 더 나아가, 준비된 미래로 불안과 불확실성에서 벗어나 재무적인 안정성과 미래의 경제적인 안정성을 동시에 달성할 수 있다. 돈으로부터 자유를 얻는 것은 그 과정이 긴 여행과 같으며, 그 과정에서 어려운 선택과 희생을 해야 할 수도 있다. 그러나 실천적인 조치를 취하고 돈과의 건전한 관계를 만들어간다면, 자신의 가치와 목표에 맞는 삶을 향해 나아갈 수 있고, 더 큰 재무적 안정과 독립을 경험할 수 있다.

## 재무적 자유와 경제적 안정의 효과

돈은 우리가 살아가는 데 중요한 요소이지만 모든 것은 아니다. 하지만 돈은 우리가 가고 싶은 방향으로 가는 것을 돕는 데 충분한 역할을 한다. 우리가 돈으로부터 자유롭다는 것과 이로써 경제적 안정을 누리는 것은 스스로에게 많은 영향을 준다. 일단, 재무적인 부담과 걱정이 줄어들어 삶의 질이 향상될 것을 기대할 수 있다. 또한 경제적인 자유를 가지면 일과 삶의 균형을 맞출 수 있으며, 원하는 일에 더 집중할 수 있을 것이다. 재무적 안정성은 사람들이 더 큰 꿈과 목표를 갖게 만들어주고, 미래에 대한 걱정을 줄이고 새로운 기회를 찾고 더 나은 선택을 할 수 있는 여유를 갖게 한다. 최종적으로는 가족 구성원들이 더욱 안정적이며 행복한 삶을 살 수 있게 한다.

# 2장

# 돈 관리의 기본, 수입과 지출관리

# [점검하기]
# 우리나라 가계의 경제 현황

## 자산과 순자산

자산이란 특정 시점을 기준으로 자신이 소유하고 있는 것을 말하며, 부채는 특정 시점을 기준으로 남에게 빌린 것을 말하며, 자신이 소유하고 있는 것에서 남에게 빌린 것을 차감 한 것이 순자산이다.

통계청의 2022년 가계금융복지조사 자료에 의하면 2022년 3월 말 기준으로 우리나라 전체 가구의 가구당 평균 자산은 5억 4,772만 원으로 전년대비 9.0% 증가했으며, 부채는 9,170만 원으로 전년대비 4.2% 증가, 순자산은 4억 5,602만 원으로 전년대비 10% 증가한 것으로 나타났다. 전체 가구의 55.7%는 3억 원 미만의 순자산을 보유하고 있으며 10억 원 이상의 순자산을 보유한 가구는 11.4%로 나타났다. 평균 순자산은 연령대별로는 가구주가 50대인 가구에서 5억 3,473만 원으로 가장 많았으며, 평균 자산 증가율은 가구주

2장                                              돈 관리의 기본, 수입과 지출관리 47

연령대 50대, 60세 이상에서 전체 가구 평균보다 높았다. 가구주 종사상 지위별에서는 자영업자 가구가 5억 3,875만 원으로 가장 많았다.

전체 가구 평균자산(5억 4,772만 원)의 구성을 보면 금융자산이 전년대비 7.1% 증가하여 22.1%, 실물자산은 전년대비 9.5% 증가하여 77.9의 구성비로 나타났다. 흥미로운 것은 순자산 5분위에서는 실물자산 83.0%, 금융자산 17.0%의 구성을 보여 순자산 분위가 높을수록 전체 자산 중 실물자산이 차지하는 비중이 증가하는 것으로 나타났다.

⟨가구당 평균 (단위 : 만 원, % 전년대비)⟩

### 소득과 지출

가계에 들어오는 돈과 나가는 돈의 흐름은 예로서 한 달, 1년 등의 일정 기간 동안을 기준으로 수입 대비 지출, 저축 비중 등을 파악할 수 있는데 이는 하나의 특정 시점을 기준으로 보는 자산과 순자산을 보는 것과는 다르다.

2021년 1월 1일부터 12월 31일까지의 소득과 지출 관련 통계청의 자료에 의하면 우리나라 전체 가구의 평균소득은 6,414만 원으로 전년대비 4.7% 증가했으며 소득원천별로는 근로소득 4,125만 원으로 가구소득 중 비중이 64.3%로 가장 높았으며, 사업소득은 1,160만 원으로 사업소득 비중 18.1%, 그다음으로 재산소득, 공적이전소득, 사적이전소득 순으로 나타났다.

한편 가구주 연령대별 가구의 평균소득은 50대(8,086만 원), 40대(7,871만 원) 순으로 높았으며, 각 소득원천별 가장 높은 평균소득을 보이는 연령대는 근로소득에서는 40대(5,728만 원), 사업소득에서는 50대(1,551만 원), 재산소득과 공적이전소득에서는 60세 이상에서 각각 595만 원, 1,031만 원 순으로 높았다.

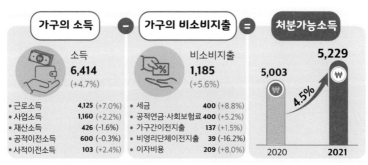

〈가구당 평균 (단위: 만원, % 전년대비)〉

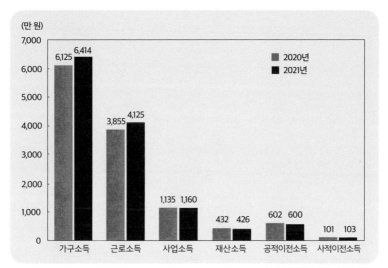

〈소득원천별 가구소득 평균〉

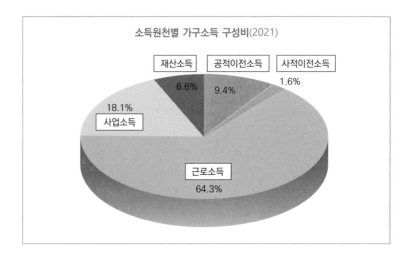

전체가구의 평균 비소비지출은 1,185만 원으로 세금 400만 원,

공적연금·사회보험료 400만 원, 이자비용 209만 원 등으로 전년대

비 5.6% 증가한 것으로 나타났다. 가계지출은 26.1%의 비소비지출과 73.9%의 소비지출 구성비로 나타났다. 소비지출의 항목별 구성비는 아래와 같다.

| | |
|---|---|
| 소비지출 | 100.0 |
| 식료품, 비주류, 음료 | 15.9 |
| 주류, 담배 | 1.6 |
| 의류, 신발 | 5.0 |
| 주거, 수도, 광열 | 12.0 |
| 가정용품, 가사서비스 | 5.2 |
| 보건 | 9.1 |
| 교통 | 11.5 |
| 통신 | 5.0 |
| 오락, 문화 | 5.7 |
| 교육 | 7.3 |
| 음식, 숙박 | 13.5 |
| 기타 상품서비스 | 8.3 |

〈소비지출의 항목별 구성비〉(단위 : %)

- 5분위 : 전체 가구(인구)의 소득, 순자산 등을 5구간으로 나눠 어서 분류한 계층별 분류. 5분위는 최상위 20%, 4분위는 상위 21~40%, 3분위는 상위 41~60%, 2분위는 하위 21~40%, 1분위 는 하위 20%를 나타냄

- 공적이전소득 : 공공기관 등에서 개인에게 지급되는 소득(예: 공 적연금, 기초연금, 양육수당, 장애수당, 실업급여 등의 각종 사회수혜금과 세금 환급금이 해당됨)

- 사적이전소득 : 가구 간 이전소득, 비영리단체 이전소득 등을 말 함. 즉 생산에 직접 기여하지 않고 개인이 부양 의무자나 후원자 로부터 받는 수입(용돈이나 부양비 따위)

- 비소비지출 : 세금, 공적연금 기여금·사회보험료 등과 같이 의 무성이 부여된 지출

- 가구 간 이전지출 : 경제적으로 독립한 부모 또는 자녀, 친지에 게 보낸 생활보조금 등

- 비영리단체 이전지출 : 종교기부금, 기타기부금, 직장노조비, 정 기적 친목회비 등

- 이자비용 : 금융회사, 직장, 개인으로부터 대출받은 금액의 이자

- 처분가능소득 : 소득에서 비소비지출금액을 공제한, 실제로 가 구에서 소비와 저축으로 처분할 수 있는 소득

# 왜 돈 관리를
# 해야 할까

사람은 태어나서 죽을 때까지 돈을 쓰면서 살아간다. 대부분의 우리는 하고 싶은 일에 쓸 수 있을 정도의 풍족한 소득이 살아가는 동안 유지되기를 바란다. 그렇게 될 수 있다면 우리는 돈 관리에 대한 고민을 할 필요가 없을지도 모른다. 그러나 돈을 벌고 쓰는 일련의 과정은 우리의 바람과는 달리 매우 불규칙하게 이루어지고 있는 것이 현실이다. 개인의 전 생애를 통한 소득과 소비의 현금흐름을 파악해 생애주기별 적자와 흑자의 재정 상태를 볼 수 있는 자료가 있다.

## 생애주기의 변화
통계청에서 발표한 '2020년 국민이전계정'은 개인이 노동소득을 통해 소비를 충족할 수 있는지를 연령 변화에 따라 보여주는데 우리나라 국민은 평균적으로 소득 측면에서 16세까지 소득이 '0'이다가

점차 증가해 42세에 3,725만 원으로 최대 소득을 올리고 이후 점차
감소하는 것으로 나타났다.

소비 측면에서 교육소비가 많은 16세에 최고의 소비로 최대 적
자를, 27세부터 소득이 소비보다 많은 흑자를 지나 61세부터 다시
적자로 전환되는 것으로 나타났다. 요약하면 1인당 소득과 소비, 둘
의 차액인 경제적 생애주기 적자는 연령 변화에 따라 '적자→흑자→
적자'의 3단계 구조를 보여주고 있다.

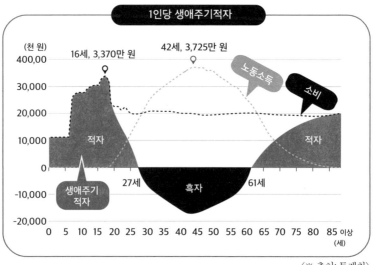

〈※ 출처: 통계청〉

우리가 삶에서 제일 먼저 배우는 것은 적자인생이다. 제대로 된
경제활동을 할 때까지는 가족의 돈으로 삶을 유지하기 때문에 주
어진 자원인 용돈을 어려서부터 현명하게 관리하는 방법을 연습하
고 경험하는 것이 중요하다. 27세부터 소득이 소비보다 많은 흑자
인생은 42세에 3,725만원 최고치를 찍은 후 하향곡선을 그린다. 평

균수명의 증가에 따라 실질적 은퇴를 늦추고 소득 활동을 연장하는 사람들로 적자로 재 진입하는 나이가 2010년 56세에서 61세로 늦어졌다. 우리는 소득의 기간 대비 지출의 기간이 절대적으로 길어지고 있는 100세 시대를 맞이하고 있으며 대다수의 사람들은 노후 준비를 포함하여 돈을 써야 할 일이 생겼을 때 필요한 만큼 준비되어 있기 어려울 수 있다. 여기에 우리가 한정된 자원 특히 돈을 관리해야 할 이유가 있다. 예를 들어 2021년 기준 남자의 평균수명 80.6세, 여자의 평균수명 86.6세를 기준으로 볼 때 남녀 모두 흑자의 삶은 34년인데 비해 경제적 적자의 삶을 남자는 46년, 여자는 52년을 살아간다. 남녀 간의 소득격차가 노년까지 연장되고 있는 현실에서 여성이 노후에 재무적으로 더 위험한 상황에 노출될 수 있으므로 돈 관리는 고령화의 가속도와 함께 여성에게 더 중요해지고 있다.

## 세대별 재무 목표

우리 조부모님과 부모님의 삶을 떠올려보면 개인별 고유의 인생을 살아오셨지만 큰 틀에서 보면 생애주기에 따른 연령대별 주요 이슈들을 경험하셨다는 것을 알 수 있다. 생애주기의 성장 변화에 따라 주요 이벤트를 겪으며 했던 돈 관리의 최종목표는 사는 동안 경제적 위기 없이 행복하게 사는 것이 아닐까 한다. 경제적 어려움이 없으려면 기본적으로 인생의 시점별 주요한 생애 이벤트에는 어떤 것들이 있는지를 정확히 알아야 하고 그에 따른 재무 활동의 목표 과제를 파악하며 실수를 피할 수 있도록 준비하는 것이 중요하다.

| 세대 | 생애 주요 이슈 | 재무 과제 | 일반적 실수 | 바람직한 결과 |
|---|---|---|---|---|
| 20 30 | 학업 및 졸업 취업 경제적 독립 결혼 준비 자녀 출산 및 육아 내집마련 재산 형성 | • 경제적 독립<br>• 저축 및 소비 계획 세우기<br>• 위험관리를 위한 보험 가입<br>• 생애 전반에 걸친 재무목표 세우기<br>• 지속적인 자기계발<br>• 은퇴계획 수립 | • 소득 대비 지출 초과<br>• 자신의 능력을 인지 못함<br>• 현재의 욕망 채우기로 생애주기의 변화를 예상 못함<br>• 미래에 대한 투자로써 자기계발을 고려하지 않는 것 | • 기본적인 니즈와 욕망을 해결할 수 있는 적정한 소득<br>• 소득 안에서 지출하는 능력 함양<br>• 지출, 저축, 부채의 균형적 관리<br>• 인생에 있어 중·장기적인 재무적·사회적 목표 설정<br>• 소비자 지식과 기술 습득 |
| 40 50 | 자녀 교육 자녀 결혼 조기퇴직과 재취업 재산 확대 은퇴 및 노후준비 점검 | • 소득 증대<br>• 저축 및 투자 확대<br>• 늘어나는 생활비 관리<br>• 증가하는 부채 관리<br>• 자녀교육·결혼 자금마련<br>• 위험관리를 위한 가족보험 점검<br>• 직업 전문성 확장<br>• 은퇴자금 준비 | • 자녀교육비에 대한 장기계획의 부재<br>• 소득 대비 지출 초과<br>• 신용거래 남용<br>• 소득원 다각화 실패<br>• 비상자금과 저축의 부족<br>• 거주안정을 위한 주택 마련 실패<br>• 퇴직 후 새로운 일에 대한 준비 부족<br>• 은퇴계획 수립에 따른 지속적인 실행 실패 | • 노후를 위한 다층소득체계 준비<br>• 경제적, 사회적 목표 현실적 조정<br>• 재무적 안정을 위한 저축, 투자, 위험관리의 확대<br>• 은퇴 전 가계부채 상환<br>• 가족 모두의 돈 관리 이해 및 협력 |
| 60 대 이 상 | 은퇴 생활 | • 안정적인 생활비 마련<br>• 자산의 안정적 운용<br>• 위험을 대비한 유동자산 보유<br>• 다양한 리스크 (자녀, 의료비, 금융사기 등)에 대한 대응<br>• 상속과 증여 계획 및 실행 | • 은퇴 자금 부족<br>• 돈의 구매력 보존 실패<br>• 예상치 못한 사건 대비를 위한 유동성 부족 | • 금융자산과 실물자산의 적정한 배분으로 노후생활을 위한 현금흐름 확보<br>• 지속적인 저축과 투자 |

일생을 바라볼 때 우리의 인생 목표는 돈 그 자체가 아니고 삶의 단계마다 내가 가지고 있는 자원을 활용하여 나의 행복을 극대화하는 것이다. 무조건 많은 돈이 필요한 것은 아니다. 내 마음속의 꿈을 어느 정도 실현할 수 있을 정도면 족하다.

## 과거 재무활동의 성적표 vs 미래의 예측지표

역사는 시간에서 출발하며 고전적인 두 가지 관점으로 시간의 형태를 나누어 볼 수 있다고 한다(채사장 지음, 《지적 대화를 위한 넓고 얕은 지식》, 한빛비즈, 2014). 과거를 거쳐 현재, 미래로 즉 시간이 하나의 방향으로 전진해간다는 '직선적 시간관'과 하루는 아침, 점심, 저녁을 지나 다시 아침이듯 시간이 앞으로만 전진하는 것이 아니라 다시 되돌아오는 즉 암묵적으로 같은 패턴으로 시간이 반복되고 있다는 '원형적 시간관'이다. 두 가지 시간관 관점에서 가계의 재무관리를 바라보면 어떨까?

원형적 시간관에서는 일정한 주기로 발생하는 수입과 지출을 고려하여 장기적인 예산을 수립하는 것이 중요할 수 있다. 예를 들어, 매달 발생하는 급여나 월세 등의 지출은 반복적으로 발생하므로 이를 기반으로 매달 예산을 세워 불필요한 지출을 최소화하고 장기적으로 효율적인 돈 관리를 할 수 있다.

이렇게 순환적인 주기로 발생하는 자금의 유동성을 관리하면 가계의 현금흐름이 보다 안정적으로 이루어질 수 있으며 장기적인 재무계획을 달성할 수 있다.

직선적 시간관에서는 일시적인 수입과 지출을 고려하여 지출계획을 세울 수 있다. 예를 들어, 보너스나 상속·증여 등의 비정기적·일시적인 수입이 발생하는 경우에는 이를 장기적인 투자나 부채상환 등의 목적으로 활용할 수 있다. 반면에, 결혼자금, 자동차구매 등의 특별한 지출이 예상되는 경우에는 이를 미리 재무목표화하여 지출계획을 세울 수 있다.

따라서 가계의 장기적인 목표를 달성하기 위해서는 원형적 시간관과 직선적 시간관을 적절히 활용하여 장기적인 자금 계획을 세우고 이를 통해 효율적인 자산운용 목표를 달성할 수 있다. 이러한 두 가지 시간관을 기반으로 현재 시점에서 우리 집 자산관리의 과거와 미래를 한눈에 정리해서 볼 수 있는 방법이 있다. 과거 재무 활동의 결과를 볼 수 있는 것으로 자산부채상태표가 있으며, 미래를 예측해 볼 수 있는 현금흐름표가 있다.

정리해보는 방법은 아래와 같다.

1) 자산부채상태표 (과거 성적표)
- 표의 왼쪽은 자산항목, 오른쪽은 부채 및 순자산 항목 기록
- 자산=부채+순자산(순자산은 순수하게 내 것을 의미)
- 특정 형식이 없으며 개인의 상황에 따라 항목을 정할 수 있음

| 자산 | | | 부채 및 순자산 | | |
|---|---|---|---|---|---|
| 항목 | | 금액 | 항목 | | 금액 |
| 유동성 자산 | 현금 | | 단기부채 | 마이너스통장 | |
| | 수시입출금계좌 | | | 신용카드 | |
| | 기타 | | | 기타 신용대출 | |
| 투자 자산 | 채권형 | | 중장기 부채 | | |
| | 주식형 | | | 임대보증금 | |
| | 투자용 부동산 | | | 자동차 할부잔액 | |
| | 기타 | | | 주택담보대출 잔액 | |
| 은퇴 자산 | 개인연금 | | | | |
| | 퇴직연금/IRP | | | | |
| | 기타 | | | | |
| 사용 자산 | 거주주택 | | 총부채 | | |
| | 자동차 | | | | |
| | 기타 | | | | |
| 기타 자산 | 퇴직금 예상수령액 | | | | |
| | 기타 | | 순자산 | | |
| 총자산(합계) | | | 부채와 순자산(합계) | | |

　　자산부채상태표는 지금까지 우리집 가족구성원의 돈에 대한 의사결정에 따른 선택과 행동의 결과물을 볼 수 객관적인 자료로 그 결과물에 따라 지난 시간과 노력에 대한 칭찬이나 반성, 새로운 각오를 다짐하게 하는데, 작성하는 주된 목적은 향후 내 진짜 재산인 순자산을 늘리기 위해 관리하는 것이다. 필요에 따라 1년이나 일정 기간 마다 업데이트해서 참고하는 것이 좋다.


2) 현금흐름표 (미래 예측지표)
- 표의 왼쪽은 수입, 오른쪽은 지출을 기록
- 연간 비정기지출은 총 연간비정기지출 금액에서 한 달치에 해당

하는 금액을 기록 (뒤에 나오는 P.74 "지출예산을 계획하고 실행해야 하는
이유에 대한 자세한 설명" 참고)

- 미파악지출=총수입-(고정+변동+저축/투자)(사용처가 불분명한 것)
- 특정 형식이 없으며 개인의 상황에 따라 항목을 정할 수 있음

| 수입 | | | 지출 | | |
|---|---|---|---|---|---|
| 항목 | | 금액 | 항목 | | 금액 |
| 경상소득 | 근로소득 | | 저축 및 투자 | 유동성 | |
| | | | | 채권형 (예적금) | |
| | 사업소득 (임대소득) | | | 주식형 (펀드 등) | |
| | | | | 연금/ 저축성보험 | |
| | 재산소득 | | 고정 지출 | 부채상환금 보장성보험료 | |
| | 연금소득 | | | 국민연금/ 건강보험료 | |
| | | | | 기부금 | |
| | 이전소득 | | 변동 지출 | 식비/외식비 | |
| | | | | 공과금/관리비 | |
| | 기타소득 | | | 교통비/통신비 | |
| | | | | 가족용돈 | |
| | | | | 차량유지비 | |
| | | | | 기타 | |
| 비경상소득 | | | 연간비정기지출(1/12) | | |
| | | | 초과/미파악지출 | | |
| 총수입(합계) | | | 총지출(합계) | | |
| | | | 순수입 | | |

현금흐름표는 돈이 어디에서 들어와서 어디로 지출되는지를 볼 수 있는 기초자료로 돈을 제대로 계획대로 쓰고 있는지, 지금과 같은 행태로 돈 관리가 계속된다면 일정 시간이 흐른 뒤 재무상태가 어느 정도로 나빠질지 혹은 좋아질지 알 수 있는 자료다. 그야말로 향후 우리 집의 미래를 예측해볼 수 있게 하는 중요한 자료이므로 정기적인 점검 관리가 필요하다.

일정기간 성적표인 현금흐름표는 수입과 지출의 차이(순수입) 만큼 일정시점의 성적표인 자산부채상태표에 영향을 미친다. 순수입이 있으면 즉 흑자이면 그 금액만큼 자산부채상태표의 순자산의 증가로 이어진다. 순수입이 적자이면 그 금액만큼 순자산의 감소로 이어진다. 자산부채상태표의 순자산이 많으면 현금흐름표가 적자이어도 삶을 유지할 수 있다. 지출의 규모와 순자산 규모를 비교하면 어느 기간만큼 삶을 유지할 수 있는지도 예측될 수 있다. 또한 수입의 속성에 따라 향후 수입의 안정성도 예측할 수 있다.

## ▌돈 관리는 실천이 처음이자 끝이다

주위에 돈에 관한 지식과 정보는 넘친다. 또한 우리는 살아온 세월만큼 돈에 대한 지식과 정보를 어느 정도 알고 있다고 자부한다. 돈 관리에 성공하기 위해서는 지식과 정보가 필요하다. 그럼 돈 관리에 어려움을 겪는 사람들은 지식과 정보가 부족해서 그럴까? 그것보다는 돈 관리에서 성공한다는 것은 돈 관리를 머리와 생각으로 하는 것이 아니고 실천, 곧 행동으로 하는 것이라는 점이다.

예를 들어 이번 달 예상치 못하게 지출이 많았다고 가정하면 우리는 머릿속으로 '다음 달에는 지출을 좀 줄여서 이번 달의 초과지출을 맞추어야지'라고 결심한다. 그러나 다음 달에도 지출은 습관대로 변함없이 예전과 같은 수준으로 하였고 전 달의 초과지출은 해결하지 못한 상태로 오히려 적자 폭만 커지게 된다. 왜? 개선하고자 하는 방향으로의 실천 행동이 따르지 않았기 때문이다. 우리 속담에 '구슬이 서 말이라도 꿰어야 보배다'라는 말이 있다. 실천이 매우 중요함을 강조하는 것이다. 즉 돈 관리는 지식, 정보, 실천 이 세 가지 요소가 조화로울 때 그 힘이 발휘되는데 개인적으로 실천이 80% 이상이라고 강조하고 싶다. 기존의 관리방법에서 벗어나 나를 통제하면서 새로운 나로 거듭나기 위한 불편함과 고통을 이겨내야 돈 관리에 성공하게 된다.

우리나라 전체 가구 중 1인가구가 차지하는 비중은 2005년 20.0%였으나 2021년 33.4%(716만 6천 가구), 2030년 35.6%, 2050년 39.6%에 이를 것으로 전망된다(통계청). 2020년 전후 OECD 주요국 중 한국을 포함한 영국, 프랑스, 일본의 1인가구 비중은 30%를 넘었고 독일, 핀란드, 스웨덴은 이미 40%를 상회하는 것으로 나타나 1인가구의 영향력과 중요성이 증가하고 있다. 우리나라 전체 가구 유형 중 가장 큰 비중을 차지하는 1인가구는 2021년 기준 연간 소득 2,691만원으로 전체 가구(6,414만원)의 42.0% 수준으로 1인가구의 절반은 빈곤한 것으로 나타났다. 특히 연령대가 높을수록, 남성보다 여성 1인가구의 빈곤율이 높다. 1인가구의 경제적 위기 없는 삶을 위한 재무 과제는 아래와 같이 요약할 수 있다.

- 경제적 독립 및 소득 증대
- 직업 전문성 확장
- 장기적인 목표 설정
- 소득 내에서 지출 관리
- 부채관리
- 위험을 대비한 유동성 확보
- 위험관리를 위한 보험가입
- 다양한 리스크(실업, 금융사기 등)에 대한 대응
- 노후 및 은퇴준비

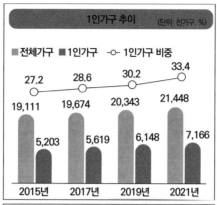

**1인가구 추이** (단위: 천가구, %)

■ 전체가구  ■ 1인가구  ─○─ 1인가구 비중

| | 2015년 | 2017년 | 2019년 | 2021년 |
|---|---|---|---|---|
| 1인가구 비중 | 27.2 | 28.6 | 30.2 | 33.4 |
| 전체가구 | 19,111 | 19,674 | 20,343 | 21,448 |
| 1인가구 | 5,203 | 5,619 | 6,148 | 7,166 |

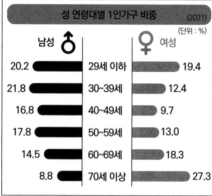

**성 연령대별 1인가구 비중** (2021)

(단위 : %)

남성 ♂    여성 ♀

| 남성 | | 여성 |
|---|---|---|
| 20.2 | 29세 이하 | 19.4 |
| 21.8 | 30~39세 | 12.4 |
| 16.8 | 40~49세 | 9.7 |
| 17.8 | 50~59세 | 13.0 |
| 14.5 | 60~69세 | 18.3 |
| 8.8 | 70세 이상 | 27.3 |

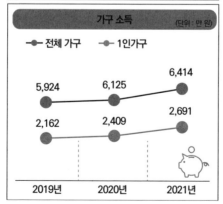

**가구 소득** (단위 : 만 원)

─●─ 전체 가구    ─●─ 1인가구

| | 2019년 | 2020년 | 2021년 |
|---|---|---|---|
| 전체 가구 | 5,924 | 6,125 | 6,414 |
| 1인가구 | 2,162 | 2,409 | 2,691 |

〈출처 : 2022 통계로 보는 1인가구, 통계청〉

# 지출관리는
# 이렇게 해보자

우리가 사는 동안 인생의 4대 변수로 사건(이벤트), 시간, 소득, 그리고 지출을 뽑아본다면 여기서 내가 통제할 수 있는 변수는 어떤 것일까? 사건은 신의 영역으로 나의 의지와는 무관한 듯하고, 우리에게 주어진 하루 24시간과 지출은 의지만 있다면 언제라도 통제가 가능할 것 같다. 마지막으로 소득 또한 많이 벌고 싶다고 해서 벌어지는 것은 아니므로 나 자신과 갖고 있는 자원에 대한 지속적인 투자가 필요한 영역이라는 생각이다. 그렇다면 돈 관리의 출발점은 소득이 아니라 지출 관리라는 것에 의심의 여지가 없다.

## 돈 버는 것보다 중요한 것은 돈을 어디에 쓰는지다

매달 받는 급여가 얼마인지 모르는 사람은 없다. 그럼 매달 어디에 얼마를 쓰고 있는지 정확히 알고 있는 사람은 과연 얼마나 될까? 강연 중에 지난 주말에 외식으로 무엇을 먹었는지 기억하냐고 물어보면 대부분의 사람은 무엇을 누구와 먹었는지까지 주저함 없이 대답한다. 그 외식에 얼마를 썼는지 기억하냐는 질문에는 어떨까? 정확히 기억하는 사람은 매우 드물다.

본인이 생각할 때 어디에 얼마를 쓰고 있는지 관리에 자신이 없다면 자신의 '과소비 지수'를 체크해볼 수 있다. '과소비 지수'는 금융감독원 금융교육센터가 개인의 소비습관 점검을 위해 고안해낸 계산법으로 월 평균 수입과 월 평균 저축금액을 활용하여 자신의 소비습관을 셀프 점검해보는 방식으로 아래와 같다.

$$과소비\ 지수 = \frac{월평균\ 수입 - 월평균\ 지출}{월평균\ 수입}$$

결괏값이 1 이상이면 소득보다 지출이 많은 상태로 저축을 전혀 하지 않는다는 의미이므로 재정 상태가 심각하다고 할 수 있다. 0.7에서 0.9 사이면 소득 대비 소비가 많은 과소비 상태, 0.6이면 적정 소비, 0.5 이하면 알뜰한 소비상태로 분류된다. 수입 및 돈의 사용처 등이 다른 것을 감안한 연령대별 적정 수치를 보면, 20대는 0.5 이하, 30대는 0.7 이하, 40대는 0.8 이하, 50~60대는 0.9 이하일 때 적절한 소비습관이라고 할 수 있다. 연령대가 고령에 가까울수록 과소비지수가 올라가는 이유는 수입이 줄어들기 때문인 것으로, 자신의 과소비지수가 권장값보다 높다면 자신도 모르게 과소비를 하는 것은 아닌지 자신의 소비습관과 저축률을 꼼꼼하게 따져볼 필요가 있다.

| 과소비 지수 | 20대 0.5 이하, 30대 0.7 이하, 40대 0.8이하, 50~60대 0.9 이하일 때 적절한 소비습관 |
|---|---|
| 총저축성향지표<br>(총저축/총소득) | 20대 50%, 30대 30%, 40대 20%, 50~60대 5~10% 이상일 때 적절한 저축습관 |

## 지출의 구조 이해

돈을 어떻게 버는지 그리고 어디에 쓰고 있는지를 볼 수 있는 현금흐름표를 앞에서 작성해보았다. 소득의 종류에 상관없이 4대 보험 등을 공제하고 실제 소비나 저축/투자에 쓸 수 있는 지출의 원천인 가처분소득이 들어온다. 현금흐름표에서 보았듯이 지출은 크게 3가지, 저축과 투자, 고정지출, 그리고 변동지출로 나누어 볼 수 있다.

### 1) 저축과 투자

미래에 필요한 목돈을 준비하기 위해 현재의 자원 일부를 적립하는 개념이 저축과 투자이다. 저축과 투자는 지출과는 다른 개념의 항목이나 고정지출로 생각하고 미래의 사용처(재무목표)별로 소득의 일정 부분을 우선적으로 배분하는 하는 것이 중요하다.

### 2) 고정지출

소득이 많든 적든 지출이 이루어져야 하는 항목으로 매달 정기적·규칙적으로 일정하게 지출되는 생활비로 단기적으로는 통제하기가 어려운 항목들이다. 예로서 세금, 대출상환금, 보장성 보험료, 월세, 교육비, 부모님 용돈, 각종 공과금, 헌금/기부금 등이 포함된다.

### 3) 변동지출

지출항목 조정이 가능하고 지출규모 변동이 있을 수 있으며 비정기적으로 발생하는 지출로 아래와 같이 3가지로 나누어볼 수 있다. 특별히 연간비정기지출은 1년에 지출되는 횟수가 적지만 그 지출 규모가 생각보다 커질 수 있기 때문에 반드시 예산계획에 의한 지출이 이루어지도록 신경을 써야 한다. 예상되는 총 1년 치의 연간비정기지출 비용을 12달로 나누어 1달 치를 매월 별도의 계좌에 모아 두었다가 이벤트가 발생하는 시기에 인출해서 쓰는 방법으로 관리한다.

- 정기지출 : 매월 정기적으로 지출이 이루어지나 금액이 변경될 수 있는 항목들. 예로 식비, 주거비, 통신비, 교통비 등
- 비정기지출 : 매월 지출이 이루어지지 않을 수도 있으며 금액에 있어서도 변동성이 큰 항목들. 예로 외식비, 문화생활비, 교제비, 유류비 등
- 연간비정기지출 : 1년을 주기로 매월은 아니고 연례행사처럼 1년에 한두 번은 지출되는 항목들. 예로 가족생일, 휴가비, 명절비용, 의복비, 미용, 경조사비, 자동차보험료, 가전제품비, 세금 (재산세,종합부동산세) 등

참고로 고정지출과 변동지출의 구분은 항목에 국한되어 있는 것이 아니고 해당 항목 지출의 예측가능성, 지속성, 반복성 여부에 따라 구분하는 것이 바람직하다. 변동지출은 융통성이 있는 만큼 관리가 가능하다는 희망의 표시이며 매월 전월 대비 증감을 살펴보면서 가능한 다음 달에 줄여나갈 수 있는 방안을 모색할 수 있다. 반면에 고정지출은 연 또는 반기 단위로 고정지출을 변경할 수 있는 상황에 따른 방법을 모색할 수 있다.

한 달의 생활비가 얼마인가 물어보면 보통은 고정지출과 변동지출 중 연간비정기지출을 제외한 비용을 말한다. 연간비정기지출은 어쩌다 지출되다 보니 우리의 머릿속에서 별도 항목으로 자리 잡아 있는 경우가 많다. 정확히 말하면 우리 집의 한 달 생활비 규모는 월 저축·투자금액 + 월 고정지출 + 월 변동지출 + 한 달치 연간비정기지출로 결정되는 것이다.

## 지급결제수단에 따라 지출규모가 달라진다

한국은행의 지급수단에 대한 조사 자료에 따르면 우리나라 국민들은 지급수단으로 신용카드 (49.5%)를 가장 많이 사용하며 체크·직불카드(16.9%), 현금(14.6%) 등의 순으로 나타났다. 소지, 관리 등의 편리성 등으로 신용카드를 가장 선호하고 있는데, 반면 그로 인한 가계 지출에 부정적인 영향이 없다고 장담할 수는 없다. 지급수단과 지출규모 간의 관계에 대한 해외연구에 의하면 신용카드로 지불하는 경우, 현금으로 지불하는 경우보다 2배 이상 소비의 규모가 커진다는 결과로 나타났다.

우리는 왜 신용카드를 선호하고, 신용카드를 사용하면 지출규모가 커지는 이유는 무엇일까? 사람은 금전적인 손실에 대한 두려움이 있어서 지갑에서 현금이 나갈 때 지불의 고통을 오감으로 실제적으로 느끼지만, 카드는 결제 이후 실물 카드를 되돌려 받기 때문에 심리적 상실감이 덜하다고 한다. 결국 지출을 관리하기 위해서는 소비와 동시에 지불하는 수단이 내 지갑에 있는 현금으로 금전 지불의 고통을 현장에서 느끼게 되는 현금을 사용하는 것이 도움이 된다는 것이다. 신용카드는 잘 사용하면 약이지만 잘못 사용하면 독이라는 이야기가 이것 때문이다.

## 3개의 통장으로 관리하기

우리의 소비지출에 대한 욕망을 관리하기 쉽지 않다. 이런 경우에는 차라리 통제할 수 있는 시스템을 활용하는 방법이 효과적이다. 일종의 수납 박스를 이용하여 물품을 기억하기 쉽게 관리한다고 생각하자. 하나의 수납 박스에 다양한 물품을 넣어 관리하기보다는 수납 박스별로 용도에 맞는 물품을 넣어 관리하는 것이 좋겠다는 생각에는 이견이 없을 것이다.

바로 사용처에 따라 통장을 달리해서 돈을 넣어놓고 쓰는 방법이다. 기본적으로 수입통장, 생활비통장, 비상자금통장 3개의 통장으로 구분할 수 있으며 각 통장의 목표와 활용방법은 아래와 같다.

- 수입통장 : 매월 수입 총액 확인하고 자동이체 되는 저축과 투자 금액 확인하기

- 생활비통장 : 지출예산에 의한 금액 한도 내에서 살아가기, 잔액이 있을 경우 절반은 자축(다이어트 할 때 cheating day처럼)하고 나머지 절반은 저축과 투자 또는 비상자금통장 보완하기
- 비상자금통장 : 잔액이 변동 없으면 비상사태가 발생되지 않음을 축하하고, 잔액이 축소되었으면 축소된 금액을 충원할 계획을 세워 원래 잔액을 유지하기

 

모든 수입은 가능하면 수입통장으로 들어오게 하고, 지출예산에 따라 계획된 한 달 생활비는 매달 생활비통장으로 이체한 후 정해진 기간 동안 사용하고 결산한다. 비상자금과 1달 치의 연간비정기지출 비용은 비상자금통장에서 함께 관리하는 것이다. 개인의 상황에 따라 통장의 개수는 조정할 수 있다.

다만 가장 중요한 것은 어떠한 경우에라도 생활비 통장은 따로 만들어서 별도로 관리를 해야 하며, 생활비 통장을 관리하는 사람의 개인적 용돈 통장으로 혼용하여 사용되지 않도록 주의를 기울이는 것이 좋다.

한국FP학회에서 2013년 국내 가계 대상의 통계청 자료를 연구 조사해서 발표한 것으로, 국내 가계에게 꼭 필요한 기준지표로, 가계의 재무목표 달성, 재무 건전성과 성장을 실현하기 위해서 점검 및 평가에 활용할 수 있도록 준비된 가이드라인이다.

가계 재무 비율  ★과거/현재/미래지표

| 구분 | | 단기적 관점 | 장기적 관점 |
|---|---|---|---|
| 과거<br>성적표 | 건전성 | 소비생활부채상환지표<br>거주주택마련부채상환지표 | 총부채부담지표<br>거주주택마련부채부담지표 |
| | | **가계수지지표**<br>**비상자금지표** | 총부채상환지표<br>**보장성보험준비지표** |
| 미래<br>예측지표 | 성장성 | **총저축성향지표** | 금융투자성향지표<br>노후대비저축지표<br>금융자산비중지표 |

〈※ 출처 : 한국FP학회, 2012〉

| 구분 | 정의 | 가이드라인 | 연령별 제안 |
|---|---|---|---|
| 가계수지지표 (I) | 총지출(저축 및 투자 불포함)/총소득 | 70% 이하 | 20대(50%), 30대(70%), 40대(80%), 50대(90%), 65세 이상(95%) |
| 비상자금지표 (R) | 유동성자산/총지출 | 4~6배 | 20대(2배), 30대(3배), 40대(4배), 50대(5배), 65세 이상(6배) |
| 총부채상환지표 (D) | 총부채상환액/총소득 | 30% 이하 | 30~40대(25% 미만), 65세 이상(0%) |
| 총부채부담지표 (D) | 총부채/총자산 | 40% 이하 | |
| 보장성보험준비지표 | 보장성보험료/총소득 | 8~10% | |
| 총저축 성향지표 (I) | 총저축/총소득 | 30% 이상 | 20대(50%), 30대(30%), 40대(20%), 50대(10%), 65세 이상(5%) |
| 금융자산비중지표 (I) | 금융자산/총자산 | 40% 이상 | |
| 노후대비 저축지표 | 노후대비저축/총저축 | 50% 이상 | |

▷ (Ideal) = 재무적 성장을 위한 이상적인 가이드라인
▷ (Reasonable) = 재무적 웰빙을 위한 합리적 가이드라인
▷ (Dangerous) = 재무적 건전성을 위해 반드시 지켜야 하는 가이드라인

# 지출예산을 계획하고 실행해야 하는 이유

## 돈이라는 자원을 활용하려면 도구가 필요하다

돈은 우리 행복의 최종 목표가 아니라 행복을 이루기 위한 다양한 도구들 중의 하나이다. 그러기에 도구를 관리하는 것은 우리의 몫이고 돈을 어떻게 쓸지를 결정해야 하는 것은 당연하다. 게다가 돈을 쓸 때 미리 어디에 쓸지를 계획하고 그에 따라 쓰고 나면 돈을 제대로 썼다는 만족감을 느끼게 되어 좋다.

그런데 '돈'이라는 자원은 매우 한정적이다. 따라서 우리가 갖고 있는 이 한정된 자원인 돈을 지속적으로 우리 삶을 풍요롭게 하는 데 사용해야 하는 도구로서 그 역할을 제대로 할 수 있도록 하는 일이 중요하다. 그러자면 무엇이 필요할까? 우리의 의식적인 통제하에 돈을 제대로 관리해야 할 것이다. 이때 활용할 수 있는 핵심 도구가 바로 '지출 예산'이다.

## 지출예산 실행의 4가지 효과

지출 예산을 세우면 돈을 좀 더 효과적으로 쓸 수 있다. 지출예산을 세우면 볼 수 있는 효과는 다음의 4가지다.

### 1) 지출의 실상을 파악해 소득 범위 내에서 생활할 수 있다

지출예산은 예상되는 수입을 기준으로 해서 지출 항목과 항목별 비용을 예상하고 실행해야 하는 것이 기본원칙이기 때문에 계획대로 실행을 한다면 절대 적자 가계가 되는 일은 없다. 현재의 생계와 삶에 지출되는 세금과 대출상환금 등의 금융비용, 소비지출뿐만 아니라 비상시 대비나 자산을 만들기 위한 투자지출 등으로 소득 범위 내에서 적절하게 배분하여 사용하는 것이 지출예산의 핵심이다. '돈이 새는 것 같다', '저축할 여력이 없다' 등의 이유로 돈 관리에 어려움이 있는 사람에게는 지출예산 세우기와 실천이 돈의 사용과 관리에 대한 최소한의 훈련이 될 수 있다.

### 2) 지출의 실상을 개선함으로써 현명한 선택과 지출을 할 수 있다

초등학교 4학년 사회과 탐구과목 중 '경제생활과 바람직한 선택' 단원에서는 사람들이 한정된 자원과 무한한 욕구 사이에서 현명한 선택을 하며 살 필요가 있다고 설명한다. 우리는 좋은 곳으로 여행 가고 싶고, 늘 사고 싶은 물건이 생기는 것처럼 매 순간 뭔가 하고 싶은 욕구를 계속 느끼게 된다. 돈 쓸 일은 끊임없이 생긴다는 것이다.

하고 싶고 사고 싶고 원하는 모든 것에 지출할 수는 없으므로 가능하면 후회 없는 똑똑한 지출이 되도록 노력해야 한다. 한정된 자원 내에서 우리의 꿈과 목표를 이루기 위해 자원의 낭비가 없도록 꼭 필요한 곳에 제대로 쓰기 위한 현명한 선택이 필요하다.

### 3) 현명한 선택과 지출을 통해 가치와 의미 있는 곳에 지출할 수 있다

무의식적으로 돈을 쓰고 나서 나중에 '돈을 잘 쓴 것 맞지?'라고 자신에게 물어본 경우가 있는가? 충동적으로 돈을 쓰고 나면 순간의 유쾌함과 돈으로부터의 해방감을 느낄 수는 있으나 그로 인한 자괴감이 밀려오는 경우도 경험하게 된다. 현명하게 돈을 써야 하는 이유다.

한정된 자원으로 현명한 선택을 해야 한다는 것은 어떤 것을 선택함으로써 다른 무엇인가는 포기해야 한다는 것을 의미하기도 한다. 갖고 있는 한정된 돈을 선택에 따라 지출하게 되면 동시에 그 선택이 아닌 다른 곳에 그만큼 사용할 수 없었던 것이 되고 아쉽지만 포기해야 했던 다른 기회의 가치가 있었다는 것을 염두에 두어야 한다.

직장인의 점심을 예로 들어보자. 회사 근처 식당에서 10,000원을 지출하는 경우, 7,000원을 들여 집에서 도시락을 준비해오는 경우, 그리고 편의점 김밥과 컵라면을 6,000원으로 점심을 먹는다고 가정해보자. 도시락이라면 3,000원, 편의점 간편식이라면 4,000원을 절약하여 다른 곳에 쓸 수 있을 것이다. 식당에서의 10,000원짜리 점심을 선택하는 경우 그 대가로 3,000원 또는 4,000원을 포기하는 것이고 그 포기한 선택에 대한 가치를 기회비용이라고 한다.

예시의 3,000원이나 4,000원은 작은 돈이지만 돈의 크기가 큰 곳에 지출을 할 때의 선택에 있어서는 기회비용이 그만큼 커진다는 것을 생각하고 '지금 당장 급하게 쓰지 말고 나중에 좀 더 가치 있는 곳에 쓰면 어떨까'라는 생각을 선택의 순간에 습관처럼 하는 것이 좋다.

그럼에도 불구하고 지출은 단순히 절약, 절제만을 위한 것이 되어서는 안 된다고 말하고 싶다. 점심을 함께하며 직장동료들과의 교류도 중요하기 때문이다. 우리는 돈을 사용했을 때 '정말 잘했어'라는 후회 없는 만족감과 의미도 느낄 수 있어야 한다.

| 구분 | 10,000원<br>(식당) | 7,000원 (집에서 준비) | 6,000원<br>(편의점 김밥과 컵라면) |
|---|---|---|---|
| 비용 절감 | 0 | -3,000원 | -4,000원 |
| 네트워크 | 있음 | 적을 수 있음<br>(도시락 모임 만들 수도) | 혼자 |
| 삶의 의미 | 평범한 직장인 | 절약, 요리, 새로운 재미,<br>노후생활 준비 | 절약 |

4) 지출예산을 실천함으로써 돈의 통제를 통한 재무목표 달성을 현실화 할 수 있다

돈을 현명하게 관리한다는 것은 우리 집의 현재 재무상태를 잘 알고 있다는 것이다. 부채를 관리하고, 저축과 투자를 하고, 지출예산을 세우고 실천하는 것은 그야말로 자원의 활용을 구조적으로 짜임새 있게 하는 것이다. 이는 우리 집 가족 구성원의 꿈과 목표 달성을 포함해서 미래의 재무상태를 예측 가능하게 한다. 우리 집의 부채는 얼마로 줄어들고 나중에 필요한 자금의 얼마가 저축과 투자로

준비되어가고 있는지 등 1년, 3년 후의 우리 집 재무상태가 얼마나 성장할 것인지를 짐작하게 한다.

지출예산에 따른 실천은 곧 돈을 통제하는 것을 의미한다. 우리의 삶에서 영원한 성공과 행복은 가능할까? 예상치 못한 이직, 퇴직, 질병, 상해, 글로벌 이슈 등 갑작스러운 환경 변화에 따른 경제적 어려움은 어느 날 갑자기 내 앞에 올 수 있다. 예상치 못한 어려움에 대비한 비상금과 자산을 위한 저축과 투자 항목으로 매월 지출계획에 포함하여 실천하던 사람이라면 어떠한 상황에서도 수입과 지출을 통제할 수 있을 것이고 어떠한 경제적 상황에서도 안정적으로 가계를 꾸려나갈 것이다.

## 지출 예산은 미래를 보장해준다

10년 후, 30년 후의 나는 어떤 생활을 하고 있을까? 우리는 지금 당장의 편안과 만족도 중요하지만 미래의 나 또한 생활을 할 것이기 때문에 한정된 자원으로 현재의 욕구를 위한 지출과 미래의 나를 위한 지출 간에 균형을 맞추어가는 연습이 필요하다. 대부분의 사람들은 바쁜 아침에 편리한 택시를 탈 수 있지만 지하철이나 버스를 선택하고 있다. 비용이 적게 드는 경로를 선택하여 돈을 효율적으로 관리하는 데 관심이 있기 때문이다.

그렇다고 해서 사는 동안 모든 사치를 거부해야 한다는 의미는 아니다. 미래에 무엇이 필요한가를 생각해보자. 차가 필요한가? 세계여행을 하고 싶은가? 집을 살 계획이 있는가? 노후에 편안하게 살 자산을 준비하고 싶은가? 만약 그렇다면 이러한 목표들을 이룰 수 있도록 필요한 저축과 투자를 위한 지출계획도 포함될 것이다. 지출예산은 현재를 포기하는 것이 아니라 내가 가지고 있는 자원 내에서 내가 이루고자 하는 것들이 꼭 필요한 시점에 필요한 만큼 준비될 수 있도록 할 것이다.

# 지출예산의 기초자료, 가계부 쓰기

## ▌돈이 어디로 새어나가는지 모르겠다면

혹시 지난날 필요하다고 생각해서 신청했는데 지금은 거의 사용하지 않는 사이트나 어플에 가입되어 매월 정기 사용료가 자동이체되고 있지는 않은가? 가끔 강연이 끝나고 나면 돈을 특별히 많이 쓰지도 않는데, 사치를 부리는 것도 아닌데 돈이 모이질 않고 어디론가 새어나가는 것 같다고 말하는 수강생이 있다. 나는 "혹시 지출기록을 하고 있으신가요?"라고 물어본다. 대다수의 경우 쓰지 않고 있다고 말한다. "그럼 혹시 돈을 어디에 썼는지, 얼마를 썼는지 다 기억을 하시나요?"라고 물어본다. 당연히 기억을 하지 못한다는 답변을 듣게 된다.

어제 저녁에 무엇을 먹었는지, 지난 주말 저녁에는 무엇을 먹었는지, 그리고 어제 어디에 돈을 얼마나 썼는지 가운데서 가장 기억하기 어려운 것은 어떤 것일까? 대부분의 사람들은 무엇을 먹었는지는 기억하지만 돈을 얼마나 썼는지는 기억하지 못한다. 기억을 하지 않아도 현금흐름에 문제가 없다면 그렇게 해도 된다. 그러나 대부분의 사람들은 한정된 돈으로 현재와 미래의 생활과 삶을 살아야 하기 때문에 돈 관리가 필요하다.

내 지갑에서 나간 돈을 머리로 기억하기 어렵다면 우리는 어떻게 해야 할까? 어딘가 내 돈의 흔적을 남겨야 하고 가계부가 그 목적에 맞는 가장 효율적인 도구로서 널리 사용되고 있다. 새는 돈이 있다고 생각하거나 과도한 지출로 현금흐름에 어려움이 있거나 본인 및 가족의 지출을 관리를 하고 싶은 사람은 지출을 기록하는 습관, 가계부 쓰기를 시작해볼 만하다.

작은 수첩을 들고 다니며 지출할 때마다 기록을 하거나 만약 기록할 시간이 안되면 영수증을 모아두었다가 집에 돌아가서 기록을 해야 한다. 또는 스마트 폰에 기록하거나 카드나 앱을 이용해 지출 내역을 확인할 수 있다.

## 가계부 쓸 때 알아야 할 5가지

"움직이면 돈이다"라는 말이 있다. 돈을 벌기 위해서도 움직여야 하지만 돈을 쓰기 위해서도 움직인다라고 해석해 본다. 돈을 벌든 쓰든 가계부 쓰기는 나와 함께 하는 돈에 대한 일기와 같다고 생각하면 된다. 우리 집에 들어오는 돈과 나가는 돈에 대한 기록으로, 돈에게 본격적으로 일을 시키기 위한 지출예산의 기초자료로서 사용되기 위한 가계부 쓰기를 할 때 궁금해하는 내용들이다.

1) 가계부를 어디에 쓰면 좋을까?

결론적으로 내가 쓰기 편한 곳에 쓰면 된다. 내가 지출기록을 해보자고 결심했을 때 다양한 종류의 가계부를 접해보았다. 노트에 손으로 직접 쓰기, 앱 가계부나 온라인 가계부 활용하기, 그리고 나만의 맞춤으로 양식을 만들어 사용하는 엑셀 가계부 등. 노트에 쓰는 가계부는 작성하는 데 시간이 많이 소요되고 일일이 계산기를 사용해야 된다는 불편함, 앱이나 인터넷 양식의 가계부는 짜인 형식에 내가 필요하지 않은 복잡한 기능으로 인한 어려움 등의 이유로 내가 최종적으로 선택한 가계부 양식은 엑셀 가계부였다. 매일 PC에 앉아 일을 하는 시간이 많은 나는 쉽고 간단하게 우리 집 지출 패턴에 맞게 양식을 직접 만들었고 지금까지 맞춤 가계부로 엑셀을 사용하

| 교통비 | 집 관련 | | | | | 의복/미용 | | 내구재 등 |
|---|---|---|---|---|---|---|---|---|
| 택시 | 외식 | 과일 外 | 식재료 | 단기 물품 | 세탁/수선 | 의류/잡화 | 미용 | 장기물품 |
|  |  | 10,000 | 15,000 |  |  |  |  |  |
|  | 9,000 |  |  |  |  |  |  |  |
|  |  |  |  |  |  |  | 25,000 |  |
|  |  |  |  |  |  | 6,000 |  |  |
| 0 | 9,000 | 10,000 | 15,000 | 0 | 0 | 6,000 | 25,000 | 0 |

고 있다.

## ooo네 가계부 - 2023년 6월

| 날짜 | 지출내용 | 누구와 | 수입 | 지불방법 현금 | 지불방법 카드 | 문화/문구 교육 | 경조사비 기부금,회비 | 관리비 | 공과금 | 통신비 | 부채 상환 | 저축/투자/보험료 보장성 | 저축성 | 계 |
|---|---|---|---|---|---|---|---|---|---|---|---|---|---|---|
| (예시) | | | | | | | | | | | | | | - |
| 6/1 | oo마트 계란 외 (서초) | | | | 25,000 | | | | | | | | | 25,000 |
| | oo카페 | 친구 oo | | | 9,000 | | | | | | | | | 9,000 |
| 6/2 | 복사지 | | | | 6,000 | 6,000 | | | | | | | | 6,000 |
| | 헤어컷 (oo헤어 방배지점) | | | | 25,000 | | | | | | | | | 25,000 |
| | oo클로 양말 | | | | 6,000 | | | | | | | | | 6,000 |
| | | | | | | | | | | | | | | - |
| | | | | | | | | | | | | | | - |
| | | | | | | | | | | | | | | - |
| | | | | | | | | | | | | | | - |
| | | | | | | | | | | | | | | - |
| | | | | | | | | | | | | | | - |
| | | | | | | | | | | | | | | - |
| 합계 | | | | 0 | 71,000 | 6,000 | 0 | 0 | 0 | 0 | 0 | 0 | 0 | 71,000 |

## 2) 가계부 쓰기는 매일매일

일기는 생각날 때마다 쓰는 방법도 있겠지만 매일 편하게 쓸 수 있는 일정한 시간에 쓰는 것이 바람직하다. 돈에 대한 일기로서 가계부도 가능하면 매일 작성할 것을 권한다. '단순히 지출하는 것을 기록하는데 매일 쓸 필요가 있을까?'라고 의문을 가질 수 있다. 아침 출근길에 사람들로 빽빽한 지하철을 탈 것인가 아님 편하게 택시를 탈 것인가, 점심은 비용을 생각해서 분식으로 먹을지 아니면 분위기 좋은 레스토랑에서 먹을 것인지 등 우리가 내리는 대다수의 의사결정이 돈과 관련한 것이라는 사실은 이미 눈치 챘으리라 생각한다. 돈과 관련한 의사결정을 하루에도 수십 건, 한 달에 수백 건에 달한다는 것을 보면 돈과 관련하여 생각해볼 일이 심심치 않게 많다는 것을 의미한다. 잠자기 5분이나 10분 전에 그날의 지출기록을 적으며 지출까지의 의사결정 과정을 돌아보고 후회 없는 지출이었는지 확인해보는 생산적인 시간으로 자리매김할 것이라 믿는다. 만약 가계부 쓰기를 매일하기 어려울 때는 우리의 기억력의 한계를 생각해서 적어도 3일을 넘기지 말고 실행하기를 권한다.

## 3) 지출 항목 분류하기

나는 가계부를 돈의 일기로서도 활용하지만 나의 생활기록으로도 활용하는 편이다. 기본적으로 지출 내역은 지출의 시간 순서에 따라 쓰면서 옆에 '누구를 위한', '누구와 함께', '지출한 목적' 등을 간단하게 적고 있다. 지출항목도 일례로 우리 집의 생활 패턴에 따라 대분류 항목 '식비'에는 외식, 과일, 식재료를 소분류로 잡고 대분류

항목 '의복/미용'에는 의류, 잡화, 미용, 세탁/수선을 소분류로 나누어 쓰고 있다. 우리 집의 생활 및 지출 패턴에 따라 대분류-소분류를 정하여 작성한다면 이러한 분류는 지출예산 세우기를 할 때도 동일하게 적용되어야 한다.

### 4) 가계부 결산하기

그렇다면 가계부 쓰기와 결산을 통해 무엇을 얻을 수 있을까? 내가 강의를 나가는 한 대학교에서 '돈과 신용의 이해'라는 교양과목을 가르칠 때의 일이다. 당시 수강생들에게 중간고사 과제로 가계부 쓰기를 내주었다. 한 달 동안의 지출기록과 그 기록을 바탕으로 자신의 지출에 대한 평가를 스스로 하는 것이 과제의 핵심이었다. 이전에 지출 기록을 하지 않고 살았던 학생을 포함하여 대부분의 학생들이 지출기록을 통해 깨달은 점을 다음과 같이 나열했다.

- 특정 영역에 지출되는 규모가 평소에 생각하던 것에 비해 많거나 적다는 점
- 필요 이상으로 과다하게 지출하는 불합리적인 소비가 있다는 점
- 비용을 줄일 수 있는 대안을 스스로 찾게 되었다는 점
- 지출을 줄이는 것과 같은 돈 관리가 필요하다는 반성 및 각오
- 지출관리를 통한 저축 여력 확보는 나중에 재무목표를 달성하는 데 밑바탕이 될 것이라는 점
- 지출 기록이라는 작은 습관이 나중에 큰 변화를 가져올 수도 있다고 느낀 점

가계부 쓰기를 시작하는 사람이라면 비슷한 감정과 깨달음을 가졌으리라 생각한다. 어린 시절에 하루를 돌아보는 기록으로 썼던 일기는 거의 언제나 마지막에 나의 느낌이나 때에 따라서는 나의 결심을 썼던 것으로 기억한다. 돈에 대한 일기인 가계부 쓰기에서도 단순히 지출을 기록하는 것을 넘어 정기적으로 결산을 해야 한다. 일정 기간의 수입과 지출에 대해 살펴보아야 한다. 수입의 변화, 항목별 지출의 규모, 지난 기간과의 차이 등을 비교해보고 문제가 있는지를 체크해야 한다. 가계부는 추후에 있을 지출예산 세우기를 위한 기초자료로서 가장 효율적안 도구이기에 그 결산 또한 정확하게 이루어져야 한다.

5) 가계부 쓰기를 절대 포기하지 않기

가계부 쓰기를 했는데 여전히 모아지는 돈이 특별히 없다고 느끼거나 어떤 사정으로 가계부 쓰는 것을 여러 번 미루다 보면 어느 날 가계부 쓰는 것이 의미가 없는 것 같다는 생각이 들고 결국에는 쓰기를 중도에 포기하게 된다. 돌이켜보면 새로 시작하는 일이 한 번에 성공적인 결과를 낳은 적보다는 반복적인 도전 끝에 기대하던 결과를 만들 수 있었던 것으로 기억한다.

가계부 쓰기는 그렇게 만만한 일은 아니다. 그러나 내 돈을 관리할 수 있는 기초체력을 키우는 데 이만 한 도구도 없다고 말하고 싶다. 환경에 적응하는 것만 살아남는 것이라는 찰스 다윈의 적자생존(適者生存)은 잘 적는 자가 살아남는다는 '적자생존'으로 변해간다. 가계부 쓰기의 기본인 포기하지 않고 꾸준히 쓴다면 가계부 쓰기를 시작한 이유에 어느 정도는 어울리는 결과물을 만들어낼 것이다.

## 가계부 쓰기로 알 수 있는 4가지

그러면 가계부를 쓰면 어떤 점을 파악할 수 있을까? 앞에서 얘기한 대로 기록한 모든 지출에 대해 결산 정리를 해보면 알 수 있는 몇 가지가 있다.

### 1) 우리 집의 수입 및 지출 패턴을 알 수 있다

우선 2장에서 얘기했던 다양한 소득들 중 우리 집에 들어오는 소득의 종류, 저축투자에서 인출, 또는 빌린 돈 등 우리 집의 지출에 쓰이는 소득원에 대해서 알 수 있다. 소득원의 지속가능성이나 소득 규모의 변화 등 소득에 문제가 있을 가능성에 대한 대비를 할 수 있다.

지출과 관련해서는 돈을 특별히 많이 쓰는 지출 영역이 있는지, 특별히 자주 쓰는 사용처가 있는지 등을 살펴봐야 한다. 예를 들어 택시를 자주 이용했다거나 외식비로 많이 지출되었거나 저축이 적었거나 등을 보고 그 배경 및 원인을 찾아봐야 한다. 지출 흐름이나 지출패턴에 문제가 있음을 아는 것을 시작으로 개선하려면 어떻게 해야 할까를 고민하고 방안을 찾아내려는 노력이 쌓여 돈을 제대로 관리할 수 있는 기초체력이 될 것이다.

### 2) 미파악 지출, 일명 '새는 돈'을 확인할 수 있다

대학교 중간과제로 가계부 쓰기를 한 달 진행했던 학생이 "내가 학교 앞 카페 군것질에 꽂혀 그렇게 자주, 많은 돈을 그 군것질 사먹는 데 쓰고 있었는지 몰랐어요"라며 깜짝 놀란 심정을 표현한 적이 있다. 아마도 모든 지출에 대한 기록을 정기적, 주기적으로 점검하다 보면 생각지 않던 곳에서 아무렇지 않게 새는 돈이 있었음을 알 수 있게 된다. 대개의 경우 무심하게 지출하고 어디에도 기록을 남기지 않아 그 지출에 대해서 기억하지 못했거나, 어떤 이유에서인지 내 머릿속에서 지워버렸거나, 모든 지출에 대해 주의 깊게 체크하지 않았거나 해서 새는 원인을 찾아낼 수 없었던 것이다. 작은 지출도 빼놓지 않고 꾸준히 기록하고 결산을 꼼꼼하게 한다면 새는 구멍을 발견하는 일은 아무것도 아닌 일이 된다.

### 3) 지출에 있어 구조적 모순을 찾아낼 수 있다

현대인의 일상생활은 어떻게 보면 대출을 부르는 삶의 연속이라고 말할 수 있다. 마이너스 통장, 신용카드, 자동차 할부, 주택담보대출 등 우리는 분명 대출을 피하기 어려운 시대에 살고 있다. 간혹 빚은 있지만 그래도 저축도 하고 있다는 심리적 위안을 받기 위한 생각에 저축을 하는 경우가 있다. 빚과 저축을 분리시켜 생각하는 건데 예를 들어 신용카드 대금상환에 평균 수수료율(금리) 14%의 리볼빙(일부결제금액이월약정)서비스를 이용하면서 1년 만기 금리 3%의 적금을 하는 경우이다. 단순하게 생각해도, 고금리의 대출비용을 내면서 저금리의 적금을 '저축'이라고 하는 것은 모순이다. 물론 이런 경우에는 적금을 하는 배경이유를 신중하게 살펴봐야 하지만 적금을 해지하고 고금리의 리볼빙서비스로 갚고 있는 신용카드의 결제금액 잔액을 줄이는데 집중하는 것이 합리적일 수 있다.

이외에도 가계 지출에서 발견할 수 있는 구조적 모순은 일시적인 최신유행에 따른 옷, 악세서리, 전자기기 등의 구매, 건강을 위한 건강보조식품에 돈을 쓰면서 정크 푸드(junk food)를 빈번하게 소비하는 경우 등이 있다. 어차피 저축이든 대출상환이든 우리 집의 한정된 자원을 생산적·효율적으로 활용하는 것이 가계의 장기적 재무관리에 도움이 될 것이다.

### 4) 우리 집 돈은 내가 관리할 수 있다는 자신감을 회복할 수 있다

돈을 불리기 위해 수입의 일부를 수익률 10%를 낼 것으로 기대되는 금융투자상품에 넣어다고 가정하자. 변동성이 심한 금융시장에서 수익률 10%를 내기는 쉽지 않을 것이며 오히려 손실이 나지 않을까 전전긍긍하게 되는 것을 경험할 수 있다. 나의 의지로 통제가 불가능한 것에 기대하는 것보다는 내가 마음만 먹는다면 뜻대로 할 수 있는 방법을 선택하는 것이 어떨까한다. 얼마 되지 않더라도 생활비에서 의미 없이 지출되는 돈을 찾아내어 소비지출에서 저축으로 전환하는 것은 나의 의지와 노력으로 얼마든지 가능하다. 그렇다. 가계부를 쓰면서 정기적으로 결산을 하다 보면 우리 집 자원이 가장 효율적으로 쓰여 질 수 있는 길을 찾아내게 되는 즉 나의 통제력 하에서 돈을 쓰고 모으고 불리는 재테크를 제대로 하는 것과 같은 결과를 만들 수 있다.

## 지출 습관을 아는 것이 예산 계획의 첫 걸음이다

가계부의 가장 중요한 용도는 지출예산을 세우는 데 필요한 기초자료로서의 활용이다. 앞으로의 지출을 계획하려면 그동안 우리 집의 라이프 스타일에 따른 지출 패턴을 보여줄 수 있는 자료를 참고하는 것이 현명한 방법일 것이다. 왜냐하면 지출은 습관이고 앞으로도 그러한 습관은 반복되어 나타날 것이기 때문이다. 그렇다면 그동안의 지출을 가장 잘 보여주는 기록은 가계부가 될 것이고 성공적인 예산을 계획하는 데 기초자료로 준비되어야 할 것이다.

# 비합리적 지출을
# 경계하자

전통적인 경제학에서는 인간은 합리적이고 이성적인 경제 주체라고 가정한다. 그러나 때때로 의사결정과정이나 행동에서 인간은 매우 불완전한 존재라는 것을 반영하고 있다. 예를 들면 합리적이라는 가정에 따르면 어떠한 상황에서도 쇼핑을 할 때는 필요한 것만 구매를 해야 하는데 배고플 때 쇼핑을 하면 더 많은 상품을 구매한다거나, 노점상에서 과일을 살 때는 가격 흥정을 시도하지만 명품을 살 때는 가격 흥정 없이 제 가격으로 구입하는 등 무의식적이고 본능적인 행동을 통해 경제학의 이론으로 설명될 수 없는 비이성적인 행동을 하고 있다.

우리는 의사결정과정이나 행동에서 체계적인 실수나 오류, 비합리성이 나타날 수 있다는 가정하에 재무적 판단이나 행동에서 실수나 비합리적인 선택을 피할 수 있어야 한다. 어떠한 상황에서 그러한 비합리성이 나타나는지를 확인하고 시스템적 의사결정 등을 통해 합리적인 재무행동이 이루어질 수 있도록 항상 깨어 있어야 한다. 즉 배고플 때 쇼핑을 하면 더 많은 상품을 구입하기 때문에 배고플 때는 쇼핑을 하지 않아야 하고 배고플 때 쇼핑을 해야 하면 쇼핑리스트를 미리 정해 정해진 리스트 안에서만 구매하도록 해야 한다. 신용카드로 구매할 경우 고가 상품을 쉽게 구매하거나 불필요한 것을 많이 구매하는 경향이 있기 때문에 쇼핑 전에 쇼핑 리스트에 의해 구매하거나 필요한 것의 금액만큼 현금을 찾아서 구매하는 것도 좋은 방법이 될 수 있다.

## 지출에 영향을 미치는 심리적 요인

우리는 우울하거나 스트레스를 받았을 때 외에도 심지어 행복감을 느낄 때 구매 욕구를 느끼게 된다고 한다. 강박적인 쇼핑장애 치료의 전문 심리학자 에이프릴 레인 벤슨(April Lane Benson)은 《쇼핑 — '잇걸'에서 '빚걸'까지 쇼핑 중독 치료법》(홍선영 옮김, 부키, 2011)에서 실제적 니즈와 무관하게 인간의 무의식을 자극하여 구매 욕구의 불씨를 당기는 일상적 요인을 다양한 차원으로 설명했다. 일상적으로 쇼핑을 하게 될 때는 한 번쯤 내가 꼭 필요한 것을 사려고 하는 것인지 아니면 아래의 일상적 요인에 의해 쇼핑 욕구가 생겨서 하는 것은 아닌 지 자신에게 물어보는 것이 쓸데없는 지출을 방지하는 데 도움이 된다.

- 인지적 차원 : 광고, 제품브랜드명, 패키지 디자인, 보상심리가 생길 때, 자기만족감이나 성취감을 느낄 때 등

- 상황적 차원 : 나쁜 날씨, 세일 안내, 할인행사, 이벤트, 경품이 있을 때, 광고지 등
- 감정적 차원 : 행복감, 안정감, 스트레스, 우울, 불안, 분노, 흥분, 좌절감 등
- 물리적 차원 : 제품의 디자인/색상, 술을 마신 후에, 먹는 것 대신으로 등
- 대인관계 차원 : 타인의 인식, 경쟁, 소비문화, 다툼 이후나 주위에 멋진 모습이나 특별한 인상을 심어주고 싶을 때 등

## 비합리적 소비지출 유형 4가지

우리는 소비지출을 통해 돈으로 행복을 사는 것이라고 할 수 있다. 나는 어떠한 행복을 사려고 하는지 확인해야 한다. 명품 브랜드, 핸드폰, 노트북, 자동차 등 소유를 통한 행복지속시간이 얼마였는지 궁금하다. 분명한 것은 물질의 소유로 인한 행복감은 가족여행, 콘서트 관람, 미술관 방문 등의 경험과 기억을 통한 행복보다 그 유효기간이 매우 짧다는 것이다. 특정물품의 물질적 소유는 새로운 것, 더 비싼 것으로 대체 되지만 경험에 대한 소비는 물리적으로 남아있지는 않지만 기억으로 남아 원할 때 언제나 꺼내 볼 수 있는 유효기간이 길다는 장점이 있다. 마치 돈으로 멋진 시계는 살 수 있지만 시간을 살 수는 없다는 것으로 설명될 수 있다. 자신의 한정된 예산규모나 소득수준을 초과하거나 목적에 맞지 않는 불필요한 소비를 하는 것을 비합리적 소비라고 한다. 대표적인 비합리적인 소비유형은 다음과 같다.

- 과소비 : 자신의 자산이나 소득수준을 초과하는 소비
- 모방소비 : 다른 사람의 소비를 따라하는 것 (옆집이 새로운 가전제품을 구매했거나, 드라마 속 명품 가방이나 옷, 액세서리, 광고, 연예인 등을 따라하는 소비)
- 과시소비 : 부나 지위 자랑을 목적으로 하는 소비 (고가품, 해외명품 선호, 대형 제품 구매)
- 충동소비 : 사전계획 없이 순간의 감정에 이끌려 하는 소비 (광고, 마케팅, 판매원 권유)

비합리적 소비행동의 주요 원인은 자제력의 부족이라고 표현할 수 있다. 불확실한 미래에 얻을 성취와 만족감을 위해 현재의 즉각적인 쾌감과 만족을 갖게 할 유혹과 욕망을 이겨내는 것은 쉽지 않은 일이다. 혹시 '마시멜로 실험' 얘기를 들어본 적이 있는가? 어린 아이들에게 마시멜로를 주고 지금 먹어도 좋지만 잠시 동안 먹지 않고 참고 기다리면 추가적으로 마시멜로를 보상을 하는 실험 연구를 미국 스탠퍼드대학의 월터 미셸 박사가 진행했다. 마시멜로를 보지 않거나 딴청을 피우거나 잠을 자거나 하는 등의 노력 끝에 약 2/3 가량의 어린이들은 마시멜로를 먹지 않고 기다렸다고 한다. 특히 본 실험이 인상적인 것은 15년 후 본 실험에 참여했던 아이들의 추적조사 결과이다. 먹고 싶은 욕구를 참지 못했던 아이들은 자라는 동안 어려움에 쉽게 좌절하고 포기했으며 대인관계도 제한적이었다고 한다. 반면에 욕구를 잘 참아냈던 아이들은 적극적이고 원

만한 생활로 인기도 많았으며 학교 성적도 우수했다고 한다. 미래의 더 큰 가치를 위해 현재의 욕구나 만족을 참아내는 능력을 우리는 '만족지연능력'이라고 부르는데, 아이들의 만족지연능력이 사회성과나 성취도에 얼마나 영향을 미치는지를 보여준 대표적인 실험으로, 소비지출 관리를 위한 지출통제 방법으로써 '만족지연능력'을 키우는 것은 매우 효과적이라고 생각한다.

소비에서 만족지연능력을 키울 수 있는 구체적인 방법을 예시하면 다음과 같다.

- 구매 목록 작성하기 : 불필요한 구매를 줄이고 나 자신의 욕구를 제어할 수 있는 능력을 향상시킬 수 있다
- 24시간 기다리기 : 구매를 바로하지 않고 24시간이라는 시간동안 구매를 미루는 습관을 들인다. 급한 마음을 진정시키고 구매에 대한 고민과 분석을 할 수 있다
- 말대꾸하기 : 나 자신에게 구매를 원하는 이유나 이미 갖고 있는 제품 중 대체 가능한 것이 무엇일까 등의 질문을 하여 충동구매의 불필요성을 스스로 찾아내게 할 수 있다
- 현금 사용하기 : 충분한 현금을 들고 다니지 않는 경우 충동구매를 자극하는 것은 신용카드다. 정해진 예산에 따른 실제 구매만을 위한 정도의 현금만 가지고 다니면 과소비나 충동소비를 방지할 수 있다.

## 우리의 지갑을 열게 하는 기업의 '오감마케팅'

매일 같은 침대에서 자고, 같은 교통수단을 이용해 같은 길로 출근하고, 같은 커피를 마시고 등등.. 우리는 똑같은 행동의 반복으로 매일 자연스러운 일상을 보낸다. 이럴 때 모든 의사결정과 행동은 의식적으로 이루어질까? 놀라지 마라. 하버드대 마케팅 교수 제럴드 잘트먼 교수의 인간의 95%의 욕구는 무의식의 지배를 받는다는 '95%의 법칙'에 따르면 우리가 하는 소비의 95%는 무의식으로 이루어진다는 실망스러운 일이다. 기업은 소비자의 무의식에 의한 행동을 분석해 이미 마케팅에 뇌 과학을 접목한 '뉴로 마케팅'으로 마케팅 효과를 극대화하고 있다. 다양한 마케팅기법 중에 인간의 인체 기관인 눈, 코, 입, 귀, 피부를 통해 기업의 브랜드를 경험하도록 하는 인간의 5가지 신체 감각을 통한 오감마케팅 또한 무의식적인 소비를 겨냥한 마케팅기법이다.

인간의 오감 중 시각은 정보 인지능력이 가장 우수한 감각으로 디자인, 칼라, 패키지 등 순간의 시각적인 것에 자극을 받아 충동적 구매 욕구를 무의식적으로 느끼게 하는데 시각이 이용된다고 한다. 본능적인 인간의 감성, 기억, 그리고 행동을 자극하는데 이용되는 후각은 향기를 사용하여 브랜드에 대한 호의적인 이미지 기억을 오랫동안 남기는데 이용된다고 한다. 배경음악, CM송 등으로 인간의 기분, 태도, 행동과 관련하여 서비스, 지출, 고객 동선의 흐름에 영향을 주는데 청각을 이용한 마케팅이 사용된다고 한다. 후각과 밀접하게 연결되어 있는 미각은 출퇴근길에 갓구운 빵의 향기를 분사해 소비자를 움직이게 하거나 최근 미각을 자극하는 브랜드 네이밍으로 식품업계 외에도 화장품, 음악전문 사이트 등 다양한 영역에서 미각이 활용되고 있다고 한다. 오감마케팅의 기본은 사람의 쾌락을 자극하는 것으로 마지막 감각기관인 촉각은 오감 중 가장 쾌락과 밀접한 연관성이 있다고 한다. 화장품 업계의 샘플링이나 음료수병의 잡는 부위의 촉감이나 손의 구조를 고려한 인체공학적 디자인 등으로 마케팅이 구현되고 있다고 한다.

상품과 서비스 판매를 통한 이익창출이 기업의 목표라면, 마케팅은 기업이 소비자인 우리의 주머니를 열기위한 기법이다. 우리의 주머니를 열게 하는 기업의 마케팅 전략이 우리의 일상 속에 퍼져있다는 사실을 이해하고 소비지출을 할 때 내가 진정 원하는 것이 무엇인지를 파악하고 그것을 만족하게 할 상품을 선택하는 합리적인 소비를 해야 한다. 요약하면 우리의 호주머니를 언제 열어야 할지를 결정하는 것은 기업의 마케팅에 의해서가 아닌 나 스스로 결정해야 하는 것이다.

## 합리적인 소비를 위한 의사결정 3단계

구매의 필요성을 인식하면 합리적인 소비를 위한 의사결정 3단계, 문제인식, 정보수집 및 대안선택, 평가 및 선택을 거쳐야 한다. 예로써 자동차 구매의 경우를 보자. 첫 번째 단계는 문제인식이다. 자신이 어떤 차종을 구매할지, 예산은 얼마를 할당할지 등을 고민해야 한다. 두 번째 단계는 정보수집 및 대안선택이다. 이 단계에서는 자신이 원하는 자동차에 대한 정보를 수집하고, 다양한 대안들을 비교분석하여 가장 합리적인 선택을 하기 위해 정보를 수집해야 한다. 예를 들어, 자동차의 연비, 성능, 안전성, 가격, 디자인 등 다양한 요소를 고려하여 차종을 선택할 수 있다. 또한 자동차 브랜드의 신뢰성, AS 서비스 등과 같은 추가 정보를 수집하여 선택의 폭을 넓힐 수 있다. 마지막 단계는 평가 및 선택이다. 이 단계에서는 수집한 정보를 바탕으로 자신의 우선순위와 예산 등을 고려하여 가장 적합한 자동차를 선택한다. 이때, 선택한 자동차의 장단점을 다시 한 번 고민해보고, 만족도가 높은 선택을 할 수 있도록 해야 한다. 예시에서 볼 수 있듯이, 이러한 과정을 통해 개인의 욕구와 요구사항에 맞는 제품을 선택할 수 있으며, 소비 후에도 만족도를 높일 수 있다.

우리의 평범한 일상생활의 구석구석에 소비지출을 유혹하는 환경이 널려있다. 그 유혹에서 벗어나기 위한 방법은, 첫째, 소비지출이 무의식적·충동적으로 이루어지고 있음을 알아차리는 것이 가장 중요하며, 아울러 무의식적인 지출의 원인과 문제를 해결하는 것이다. 두 번째, 소비지출의 결과를 미리 생각해보는 것이다. 세 번째는 지출 현장을 빠르게 벗어나는 것이고 마지막으로 오로지 나 자신에게 집중할 수 있는 환경으로 가서 산책을 하거나 명상을 하는 것이다. 정리하면 합리적인 소비는 소득 안에서 지출을 하는 목적에 맞게 그리고 지출 후에 후회가 아닌 행복이 남아야 한다.

# [Tip] 쇼핑중독 체크리스트

중독소비는 구매 욕구를 억제하지 못하고 지불능력을 초과하게 되는 소비를 말한다. 진단방법은 문항별 질문에 대답이 '예'가 나오는 문항을 모두 고른 후 진단결과를 본다.

| 1 | 쇼핑습관을 스스로 통제하지 못한다 | |
|---|---|---|
| 2 | 쇼핑할 때 죄책감이 든다. | |
| 3 | 쇼핑할 때 드는 돈과 시간이 점점 늘어나지만 별다른 느낌이 없다. | |
| 4 | 가족이 보지 못하도록 쇼핑한 물건들을 숨기고는 한다. | |
| 5 | 쇼핑은 긴장이나 불안감을 풀어주는 취미생활이다. | |
| 6 | 물건이 필요해서라기보다는 사는 그 행위 자체를 더 즐긴다. | |
| 7 | 쇼핑을 한 뒤 사용하지 않는 물건이 집 안에 가득하다. | |
| 8 | 주위에 돈 문제를 일으킬 정도로 쇼핑을 많이 한다. | |
| 9 | 얼마나 쇼핑을 많이 하는지 알면 다른 사람이 기절할 정도이다. | |
| 10 | 물건을 사면 기분이 좋아진다. | |

〈※ EBS 다큐프라임《자본주의》2부 '소비는 감정이다'〉

<진단결과>
- 5, 6, 10번 해당 : **기분파** (평소에 충동 구매를 주의해야 한다)
- 2, 3, 4, 7, 9번에 해당 : **가벼운 쇼핑 중독** (평소에 돈 관리에 신경을

쓰고 쇼핑을 할 때는 다른 사람과 동행하는 것이 도움이 된다)

- 1, 8번에 해당 : **심각한 쇼핑중독** (미국의 경우 단순한 과소비 차원이 아니라 알콜, 마약중독 등과 같은 차원의 정신질환으로 본다. 정신과 치료나 상담을 받아야 한다.)


쇼핑중독을 막을 수 있는 방법으로는,

- 온라인 쇼핑의 제한 : 브라우저에 있는 인터넷 쇼핑몰 북마크를 사제하고, 쇼핑몰 앱을 사제하는 것이 좋다. 인터넷 쇼핑몰에 접속할 때는 꼭 필요한 물건만 구매하고 로그아웃 한다
- 소비습관 파악 : 언제, 왜, 어떤 물건을 구매하는지 자신의 소비습관을 파악하고 자신의 쇼핑중독에 대한 인식을 높인다.
- 대안 찾기 : 쇼핑을 대체할 수 있는 취미나 활동을 찾는다. 운동, 독서, 영화 감상, 산책 등 즐길 수 있는 활동을 찾아 시간을 보낸다.
- 예산 세우기 : 소비 예산을 정해놓고 그 이상으로 소비를 하지 않는다. 예산 안에서 어떤 제품을 구매할지, 소비목적은 무엇인지, 그 목적을 달성할 수 있는 최소한의 소비에 대해 고민하고 집행한다.
- 심리치료 : 쇼핑중독이 심각한 수준일 때는 전문가의 도움을 받아야 한다. 인지행동치료, 심리치료 등을 통해 자신의 문제점을 인식하고 극복할 수 있다.

# 다양한
# 소득원을 만들자

우리는 살면서 필요하거나 원하는 것들이 많다. 안전하게 쉴 수 있는 장소도 필요하고, 먹을 것도 필요하고, 옷도 사고 여행도 하고 싶고. 이러한 활동을 지속하기 위해서 필요한 것이 바로 돈이고, 나에게 맞는 돈이 지속적으로 들어오게 할 수 있는 방법을 찾아내야 하는 것이 무엇보다 중요한 과제이다.

소득 시스템과 관련하여 파이프라인이라고 표현한다. 파이프라인은 석유나 천연가스 등을 수송하기 위해 땅속에 파묻은 관로를 말한다. 필요한 자원이 하나의 소득원에서만 들어오는 것과 다양한 소득원으로 구축된 파이프라인을 통해 들어오는 것이 있다면, 상상만 해도 삶의 있어서 왠지 모를 불안함이 일시에 사라지는 것을 느끼게 된다. 다양한 소득원에 대한 관심을 가지고 준비를 해야 할 이유이다.

## 소득의 유형 4가지

돈을 쓰기 위해서는 돈을 버는 것이 먼저이다. 자본주의 사회에서 돈을 벌 수 있는 방법에는 어떤 것들이 있을까? 가계소득의 유형을 살펴보면 다음과 같이 나눌 수 있다.

| 분류 | | 소득을 얻는 방법 |
|---|---|---|
| 경상소득 (일정 기간, 정기적) | 근로소득 | 노동력과 시간을 제공한 대가로 받는 임금 (급여, 상여금 등) |
| | 사업소득 | 생각, 아이디어로 가게나 회사를 운영하여 돈을 버는 소득 |
| | 자본소득 | 소유한 자산을 이용하여 얻는 소득 (이자/배당금, 임대, 지식 등) |
| | 이전소득 | 생산에 직접 참여하지 않고 무상으로 얻는 소득 (국민연금, 실업급여 등) |
| 비경상소득 (일시적, 비경상적) | | 일시적인 요인에 의해 얻는 소득 (퇴직금, 상속재산, 복권당첨금 등) |

근로소득은 자신이 제공하는 노동력을 원천으로 하기 때문에 노동력을 제공할 수 없는 상태가 되면 예를 들어 퇴직, 정년, 질병으로 일을 할 수 없을 때는 그 소득이 멈추게 된다. 사업소득의 경우는 아이디어나 서비스에 의한 시스템이 운영되는 것으로 대표적으로 사장님, 변호사, 세무사 등이 여기에 해당되는데 아이디어나 서비스 제공을 멈추면 그 소득이 멈출 수 있다는 점에서 근로소득과 함께 소득에 유효기간이 있을 수 있다는 단점이 있다.

반면에 돈으로 돈을 버는 자본소득은 돈이 일하기 때문에 궁극적으로 시간적 자유와 금전적 자유가 가능하다. 학자에 따라서는 사람은 100세를 넘어 120세까지 살 수도 있다고 한다. 법적 정년

60세, 주된 직장에서의 평균 퇴직연령 49.5세 시대에서 근로소득이 유일한 소득원이라면 사업소득과 자본소득으로의 소득형태의 전환을 위한 나에 대한 투자는 더 이상 선택이 아닌 필수라고 생각한다.

## 인적 자원의 가치 및 개발의 중요성

생산 수단이 없는 보통사람들이 돈을 버는 방법은 자신의 노동력을 제공하며 근면 성실로 일을 열심히 하는 것으로 그동안의 재산의 원천은 근로소득이었다고 말할 수 있다. 요즘에는 월급을 모아서는 미래가 없으며 근로소득만 믿어서는 꿈꾸는 삶을 살기 어렵다는 인식이 대두되고 있다. 아마도 우리나라에서 근로소득 가치가 저평가되는 배경에는 크게 두 가지 이유가 있다고 생각한다. 하나는, 부동산 가격의 급등과 관련이 있을 것이다. 월급의 인상 속도가 자산의 수익률 상승 속도를 따라갈 수 없다는 것이다. 다른 하나는, 소득의 크기가 크지는 않지만 그마저도 안정적인 소득을 안겨주는 일자리에 대한 불안감이라고 하겠다.

만일 아이디어가 충분하지 않고 자본이 아직 부족하다면 우선은 나의 가치 즉 몸값을 올릴 수 있는 방법에 집중하는 것이 현명하다. 근로소득을 극대화할 수 있도록 나의 돈 버는 능력을 키우기 위한 나에 대한 투자가 지속적으로 이루어져야 하며 동시에 소득원의 다원화를 위한 사업소득과 자본소득에 대한 지속적인 구상을 병행해야 한다. 나와 가족구성원의 인적 자원 가치를 극대화할 수 있는 방안이 무엇인지에 대해 관심을 갖고 배우면서 작은 것부터 꾸준히 실천해가는 것이 중요하다. 그런 열정과 노력에 대한 보상은 언제가 주어진다.

## ▌소득의 크기보다 얼마나 잘 관리하느냐가 중요하다

통장에 이달의 월급이 들어오면 자동이체로 빠질 것은 나가고 잔고마저 며칠 있지 못하고 그야말로 '텅장(텅빈 통장)'이 된다고 한다. 분명 월급은 매년 조금씩 인상은 되지만 텅장이 되는 상황은 해를 거듭해서 반복되고 있는 것 같다.

우리는 이런 생각을 해본다. 어느 정도의 돈을 벌어야 쓸 만큼 쓰고 남은 돈을 저축할 수 있을까? 소득이 늘어나면 가계의 재무환경이 특별히 변하지 않는 한 지출은 변하지 않고 저축 여력만 늘어나야 하는 것 아닌가? 과연 우리의 현실은 어떤가? 소득이 늘어났건만 쓸 돈은 늘 부족하다. 이유는 무엇일까? 수입이 늘어날수록 우리의 욕구를 충족하기 위한 소비지출도 늘어나는게 현실이다. 우리의 소비지출 욕망은 매일 쑥쑥 자라나 어제보다 오늘, 오늘보다 내일 더 결핍을 느끼게 만든다. 그러다 보면 아무리 많이 벌어도 쓸 만큼 썼다라고 만족을 할 수 있는 날은 오지 않을 수도 있다.

앞에서 우리는 통계청의 '2020년 국민이전계정' 자료를 보고 소득 기간 대비 지출 기간이 길어지고 있는 100세 시대에서 생애주기 적자를 면할 수 없다는 것을 알았다. 욕망에 이끌려 현재의 행복을 위해 먼저 쓰고 미래를 위해 남은 돈을 저축할 수 있는 기회는 많아 보이지 않는다. 소득이 많든 적든 소득에서 일정 금액을 미래의 만족과 행복을 위한 지출, 저축으로 우선적으로 떼어내고 남은 돈을 오늘의 행복을 위해 써야 한다. 나에게 주어진 '돈 사용권'을 오늘 모두 소진해버리기 보다는 미래에 꼭 사용해야 할 때를 위해 참고 모아두는 습관을 가져야 한다. 오늘 몽땅 써버리는 나쁜 습관을 저축을 우선시 하는 습관으로 바꾸는 과정이 돈을 현명하게 관리하는 출발점이다.

## ▌소득원 다각화가 불안감을 해소한다

보통의 경우 소득이 늘면 지출도 늘어나는 경향을 보인다. 예를 들어 외벌이에서 맞벌이가 되는 경우 소득이 증가하는 것에 비례해서 지출도 쉽게 늘어나는 것을 본다. 예기치 못한 상황으로 다시 외벌이가 되었다고 가정할 때 그에 따라 소비도 원상태로 줄어들 수 있을까?

소득이 감소하는 경우에 증가했던 소득에 맞추어진 습관화된 소비 패턴으로 인해 소비 수준을 줄이기 어려운 현상을 '톱니 효과'라고 설명한 해외 연구가 있다. 미국의 경제학자 제임스 듀젠베리에 의하면 일단 어떤 상태에 도달하면 다시 이전의 상태로 되돌리기가 어려운 현상으로 일단 한쪽 방향으로 돌기 시작한 톱니바퀴는 일종의 관성효과로 반대 방향으로 돌리기 힘든 것처럼 늘어난 소비를 줄이는 것은 '톱니 효과'처럼 힘들다고 한다.

강연 중에 돈을 열심히 버는 이유를 묻는 질문을 던지면 빠짐없이 듣게 되는 답변 중의 하나가 "나중에 편하게 보내기 위해서요"이다. 여기서 '나중에'라는 말은 경제활동이 더 이상 가능하지 않은 노후를 의미한다. 미래에셋투자와연금센터(미래에셋투자와연금리포트 No.58, 2022.11)가 대한민국 4050 직장인을 대상으로 한 '다각적인 노후소득 수단의 준비가 은퇴 후 삶에 대한 자신감에 미치는 영향을 조사한 바에 의하면 국민연금을 제외한 노후 재원이 다양한 수단으로 마련되어 있는 것이 소수의 재원으로 준비된 금액 규모가 큰 것보다 은퇴자신감 수준에 긍정적인 영향을 미치는 것으로 나타났다. 이처럼 소득원의 다각화는 소득원 유지에 불안감을 가지고 살아가는 현대인에게 삶의 안녕과 행복을 위해 준비해야 할 중요한 것 중의 하나다.

# 3장

# 자산을
# 만들기 위한
# 저축과 투자

## [점검하기]
# 나의 투자자 유형 알아보기

## ▌투자에도 성격 있다

사람마다 성격 유형이 있듯이 투자자마다 어떠한 투자 유형을 가졌는지 알아봐야 한다. 투자의 출발점인 투자 유형 파악은 기본적인 절차로서, 어느 정도의 리스크(손실위험)를 허용할 수 있는지, 얼마만큼의 수익을 원하는지 등 자신의 위험도를 이해하고 금융회사는 그에 적합한 금융투자상품을 추천 하는데 기준이 될 수 있다. 무엇보다 자신의 투자자 유형 수준에 맞는 금융투자상품의 선택은 투자의 실패를 예방하는 첫걸음으로 매우 중요하다. 예를 들어, 투자자 유형이 원금 손실을 원하지 않는 안정형의 경우라면 저축상품을 위주로 적은 수익이라도 자산을 보호할 수 있는 안정적인 운용을 하는 것이 좋다.

3장   자산을 만들기 위한 저축과 투자 111

<나는 어떤 투자자일까?>

-출처: 펀드투자 제대로 하자, 전국투자자교육협의회-

1번부터 7번까지 내용을 읽고 본인에게 해당하는 번호에 표시한다. 선택한 번호의 점수를 모두 더한다.

1. 당신의 연령대는 어떻게 됩니까?

① 19세 이하 (12.5점)

② 20세 ~ 40세 (12.5점)

③ 41세 ~ 50세 (9.3점)

④ 51세 ~ 60세 (6.2점)

⑤ 61세 이상 (3.1점)

2. 투자하고자 하는 자금의 투자 가능 기간은 얼마나 됩니까?

① 6개월 미만 (3.1점)

② 6개월 이상 ~ 1년 미만 (6.2점)

③ 1년 이상 ~ 2년 미만 (9.3점)

④ 2년 이상 ~ 3년 미만 (12.5점)

⑤ 3년 이상 (15.6점)

3. 다음 중 투자경험과 가장 가까운 것은 어느 것입니까? (중복 선택 가능)

① 은행의 예·적금, 국채, 지방채, 보증채, MMF, CMA 등 (3.1점)

② 금융채, 신용도가 높은 회사채, 채권형펀드, 원금보존추구형 ELS 등 (6.2점)

③ 신용도가 중간 등급의 회사채, 원금의 일부만 보장되는 ELS, 혼합형펀드 등 (9.3점)

④ 신용도가 낮은 회사채, 주식, 원금이 보장되지 않는 ELS, 시장수익률 수준의 수익을 추구하는 주식형펀드 등 (12.5점)

⑤ ELW, 선물옵션, 시장수익률 이상의 수익을 추구하는 주식형펀드, 파생상품에 투자하는 펀드, 주식 신용거래 등 (15.6점)

4. 금융상품 투자에 대한 본인의 지식수준은 어느 정도라고 생각하십니까?

① [매우 낮은 수준] 투자의사결정을 스스로 내려본 경험이 없는 정도 (3.1점)

② [낮은 수준] 주식과 채권의 차이를 구별할 수 있는 정도 (6.2점)

③ [높은 수준] 투자할 수 있는 대부분의 금융상품의 차이를 구별할 수 있는 정도 (9.3점)

④ [매우 높은 수준] 금융상품을 비롯하여 모든 투자대상 상품의 차이를 이해할 수 있는 정도 (12.5점)


5. 현재 투자하고자 하는 자금은 전체 금융자산(부동산 등을 제외) 중 어느 정도의 비중을 차지합니까?

① 10% 이하 (15.6점)

② 10% 초과 ~ 20% 이하 (12.5점)

③ 20% 초과 ~ 30% 이하 (9.3점)

④ 30% 초과 ~ 40% 이하 (6.2점)

⑤ 40% 초과 (3.1점)


6. 다음 중 당신의 수입원을 가장 잘 나타내고 있는 것은 어느 것입니까?

① 현재 일정한 수입이 발생하고 있으며, 향후 현재수준을 유지하거나 증가할 것으로 예상된다 (9.3점)

② 현재 일정한 수입이 발생하고 있으나, 향후 감소하거나 불안정할 것으로 예상된다 (6.2점)

③ 현재 일정한 수입이 없으며, 연금이 주수입원이다 (3.1점)


7. 만약 투자원금에 손실이 발생할 경우 다음 중 감수할 수 있는 손실 수준은 어느 것입니까?

① 무슨 일이 있어도 투자원금은 보전되어야 한다 (-6.2점)

② 10% 미만까지는 손실을 감수할 수 있을 것 같다 (6.2점)

③ 20% 미만까지는 손실을 감수할 수 있을 것 같다 (12.5점)

④ 기대수익이 높다면 위험이 높아도 상관하지 않겠다 (18.7점)

## <투자성향별 점수표>

| 투자성향 | 점수 |
|---|---|
| ① 안정형 | 20점 이하 |
| ② 안정추구형 | 20점 초과~40점 이하 |
| ③ 위험중립형 | 40점 초과~60점 이하 |
| ④ 적극투자형 | 60점 초과~80점 이하 |
| ⑤ 공격투자형 | 80점 초과 |

## <투자성향별 투자가능 상품(예시)>

| 구분 | 상품명 |
|---|---|
| 공격<br>투자형 | • BB 이하 투자등급 회사채<br>• 해외주식투자<br>• 레버리지 ETF<br>• 1등급(매우 높은 위험) 펀드 |
| 적극<br>투자형 | • 주식 직접투자<br>• 주식형 펀드<br>• ETF, ELS<br>• 주식형 랩어카운트<br>• 2등급(높은 위험) 펀드, 3등급(다소 높은 위험) 펀드<br>• 주식형 펀드<br>• 하이일드펀드(국내 채권에 60% 이상 투자하는 펀드 중 'BBB+' 이하 채권<br>  등을 45% 이상 편입한 펀드) |
| 위험<br>중립형 | • 채권혼합형 펀드<br>• 주식혼합형 펀드<br>• 회사채<br>• CP, 전단채, 후순위채권<br>• 4등급(낮은 위험) 펀드 |
| 안정<br>추구형 | • A- 등급 이상 금융채 및 회사채<br>• 원금보장 ELB<br>• 원금보장 DLB<br>• 5등급(낮은 위험) 펀드<br>• 채권형펀드 |
| 안정형 | • 예금<br>• 현금성 자산<br>• RP<br>• 국고채, 통안채(한국은행이 시중 통화량 조절을 위해 금융기관을 상대로 발행<br>  하고 매매하는 통화안정채권), 지방채, 특수채<br>• AA 등급 이상 회사채<br>• 6등급(매우 낮은 위험) 펀드 |

금융회사에서 판매하는 투자상품은 초저위험상품부터 초고위험상품까지 다양하며, 투자성향에 따른 투자적합상품 및 구체적인 상품을 표와 같이 구성해볼 수 있다. 투자성향, 투자목적, 투자금액, 투자기간 등에 따른 구체적인 상품의 선택 등에서 스스로 이해하는 데 어려움이 있다면 반드시 전문가의 도움을 요청해야 한다. 본인에게 절대적으로 솔직해야 하며 아마도 이해하는 것 같다는 생각으로 금융상품에 가입해서는 안 된다. 마지막으로 금융시장에는 누구에게나 맞는 100점짜리 투자상품은 없으므로 나에게 가장 적합한 금융상품을 찾아야 한다는 것을 잊지 말아야 한다.

# 왜 저축 및 투자를
# 해야 하나요

## ▌현재의 내가 미래의 나에게 보내는 자원

저축과 투자는 소득 내에서 지출해야 하는 고정지출, 변동지출과 함께 3대 지출 중의 하나로 매우 중요한 지출이다. 이유는 우리의 삶은 현재만 있는 것이 아니기 때문이다. 상상을 해보면, 지금 30대의 나는 어느 날 40대, 50대, 60대의 나를 만나게 될 것은 분명한 일이다. 미래의 내가 하고자 하는 일을 위해 목돈이 필요하고 일상생활을 하는데 충분한 자원이 준비되어 있다면 걱정이 없을 것이다. 그러나 소득과 지출의 불균형으로 생각만큼 여유가 없이 지내야 하는 상황에 놓여있다면 매우 안타까울 것이다. 그래서 미래의 내가 필요할 때 필요한 만큼은 쓸 수 있도록 현재의 내가 미래의 나에게 보내 놓는 용돈이나 생활비 개념이 아닌가 싶다. 미래의 내가 써야 할 자원이기 때문에 현재의 나는 저축과 투자를 포기할 수 없는 것이다. 현재와 미래가 싸우면 언제나 현재가 이긴다. 행동재무

118

학상 현재와 미래는 동일하지 않다. 예로써 오늘 100원과 일주일 후 105원의 선택과 52주 후 100원과 53주 105원의 선택은 다르다. 대부분은 일주일 후 105원을 선택하기보다 오늘 100원을 선택하지만, 그 선택시점이 1년 후 미래로 가면 52주 100원보다 53주 105원을 선택한다. 두 선택은 일주일을 기다리면 5원을 더 얻을 수 있지만, 선택시점이 현재인가 1년 후인가에 차이가 있을 뿐이다. 현재의 자신과 미래의 자신을 동등하게 대우하며 미래를 중시할 수 있는 방법으로, 현재의 자신의 사진과 미래의 자신 사진을 보는 것으로 미래를 가깝게 느낄 수 있으며 미래가 현재와 같이 중요한 위치에 있는 것으로 느끼고 미래에 대한 목표와 계획을 세우는데 도움이 될 수 있다.

## 돈은 시간적 요인에 따라 가치가 다르다

현재의 1만 원과 10년 후의 1만 원의 가치에는 차이가 있을까? 액면가로 돈의 크기가 같더라도 현재의 돈이 미래의 돈보다 가치가 더 있는데 이는 시간의 흐름에 따라 가치가 변하기 때문이다. 예를 들어 지금은 1만 원으로 생선 한 마리를 샀다면 10년 후에는 같은 금액의 1만 원으로는 아마도 생선 반 마리밖에 살 수 없는 가치가 될 수 있다는 것이다. 동일한 크기의 금액이지만 이렇게 시간이 지남에 따라 돈의 가치에 차이가 생기는 이유는 물가가 지속적으로 상승하여 실질적으로 돈의 가치가 하락하기 때문이다. 이 경우, 미래에도 생선 한 마리를 사기 위해서는 현재의 1만 원보다는 더 많은 돈이 필요하고 미래에도 현재의 구매력을 보전하기 위한 돈 관리가 중요함을 알 수 있다.

불확실한 미래보다는 확실한 현재를 더 중요하게 생각하는 심리적 요인 또한 돈의 가치를 다르게 느끼게 하는데 영향을 미친다. 현재의 만족감이 더 높기 때문에 현재의 돈이 미래의 돈보다 가치가 높다고 여기는 것은 인간의 자연스러운 경향 중 하나일 것이다. 하지만 때로는 이런 심리가 저축과 투자를 하는 것을 어렵게 만들기도 한다. 분명한 것은 현재의 구매력을 그 어느 미래에도 유지하기 위해서는, 일찍부터 저축과 투자를 시작하여 미래에 필요한 더 많은 돈을 만들어야 한다는 것이다. 우리가 저축과 투자를 하는 근본적인 이유는 미래에도 현재와 같은 생활수준을 유지하고 현재와 같은 구매력을 유지하고 더 높이기 위한 것이다. 큰 돈을 벌기 위한 것이 목적이 아니라, 최소한 현재와 같은 구매력을 미래 시점에도 지속 가능하게 하기 위한 것이다. 이런 관점에서 저축과 투자를 하는 것이 중요하며 지금부터 시작해도 늦지 않았다고 말하고 싶다.

## 한정된 자원의 경제적 효율성 높이기

개인의 한정된 자원을 늘리는데 가장 좋은 방법이 저축과 투자이다. 예를 들어, 저축은 은행이나 금융회사에서 제공하는 이자를 받을 수 있는데 이렇게 받은 이자가 물가상승률 보다 높은 이율로 제공되는 경우, 자산의 가치를 유지하고 늘리는데 큰 도움이 된다. 이와 같이 예·적금, 주식, 채권 등 다양한 금융상품에 저축과 투자를 통한 수익의 창출은 미래를 대비할 수 있는 장기적인 재무 안정성에 중요한 요소가 될 수 있다.

저축은 억지로 큰맘을 먹고 하는 것이 아니라 우리가 끼니때가 되면 먹는 것처럼 당연한 습관으로 해야 한다. 좋은 습관으로서 저축을 시작하는 첫걸음은 저축의 규모를 크게 하는 것이 중요한 것이 아니라 '소득의 일정 부분'을 꾸준히 저축하는 것이다. 현재의 소비지출과 부채상환을 하고 난 다음에 남은 것을 저축과 투자하는 것부터 시작해서, 재무목표에 맞게 지출예산을 세울 때 계획에 의해 이루어져야 하는 것이 저축과 투자로 전환되어야 한다.

계획을 세웠다면 그다음은 소득이 들어오는 매월 같은 날, 계획한 금액이 저축계좌로 빠져나가도록 자동이체를 설정해놓고 꾸준히 오래 해나가야 한다. 다른 용도로 흘러갈 수 있는 기회를 사전에 차단하는 것이 소비 유혹으로부터 벗어나는 길이며, 종잣돈이나 목돈은 이와 같은 습관성과 강제성의 결과물로 주어지는 달콤한 보상이다.

## 위기 상황에 대비하기 위한 비상자금 준비

'설마 나에게 무슨 위급한 일이 있을까'라는 안이한 생각을 할 때 항상 예상치 못한 일이 생긴다고 한다. 중요한 일로 자동차를 사용하려고 계획했는데 심각한 내부고장이 나거나, 자녀가 학교에서 다쳤다거나, 부모님께서 위중한 병으로 갑자기 응급실에 계시다는 연락을 받았을 때, 회사에 문제가 생겨 갑자기 소득이 중단되거나 하는 등 절대 원하지 않던 사건은 예고 없이 생길 수 있다.

평소 내 지갑에 있는 돈으로는 일을 처리하는 데 부족할 때를 대비해 어느 정도의 목돈을 망설임 없이 인출할 수 있는 돈이 준비되어 있는가? 대학교에서 강의할 때 이 질문을 했더니 몇몇 학생들이 '신용카드 대출을 받으면 된다'는 당황스러운 답변을 했던 일이 생각난다. 물론 비상금이 내 손에 없으면 다음으로는 계획하지 않은 대출이나 적립하고 있던 자산을 정리할 수 있다. 마이너스 통장이나 신용카드 대출 등으로 처리를 할 수 있다고 생각할 수도 있으나 여기서 우리가 잊지 말아야 할 점은 마이너스 통장이나 신용대출은 진정한 의미의 비상자금이 아니라는 것이다. 그 이유는 이런 것들은 내 돈이 아니라 남의 돈 곧 빚이기 때문이다. 기존에 부채가 있었다면 추가로 상환해야 할 부채가 늘어난 것이고 따라서 우리 집의 지출계획에서 변동을 피할 수 없게 되는 것이다. 이는 추가 수입이 생기지 않는 한 기존의 한정된 소득으로 재무목표를 위해 진행하던 저축과 투자에 부정적인 영향을 주게 될 수 있기 때문이다. 그렇기에 우리는 추가적인 부채를 만들지 않기 위해서 예상치 못 한 일이 생겼을 때 내 힘, 내 돈으로 해결할 수 있도록 준비해야 한다.

비상자금은 냉장고를 바꾸거나 갑자기 떠나는 여행에 필요한 경비처럼 일상생활에서 일어날 수 있는 일에 쓰는 것이 아니다. 이런 곳에는 예산을 세워서 모아지면 지출해야 하며, 위중한 질병, 실직과 같은 우리 집의 재정에 심한 충격을 줄 수 있는 일에 쓴다는 각오로 준비하고 관리해야 한다. 불확실성을 대비하기 위한 중요한 자금이다. 비상자금은 그야말로 예상치 못한 일에 쓰는 것으로 자산축적이나 수익 목적이 아니므로 언제라도 꺼내 쓸 수 있는, 즉 유동성을 보장할 수 있는 별도의 계좌로 예금 등을 활용해서 평상시에는 묻어둘 것을 권장한다. 비상자금의 규모는 외벌이 가계의 경우는 최소 6개월 이상, 맞벌이의 경우는 최소 3개월 이상의 생활비를 충당할 수 있는 규모로 준비하는 것이 필요하다.

## 저축과 투자의 차이

돈을 늘리는 방법으로 흔히 저축과 투자를 꼽는데, 때로는 상황에 따라 각 용어의 개념에 맞지 않게 혼동되어 쓰이는 경우가 종종 있다. 돈을 늘리는 차원에서 보면 넓은 의미의 저축의 개념 속에는 투자가 포함되어 있다. 그러나 속을 조금만 더 들여다보면 돈을 늘리는 메커니즘에 차이가 있다는 것을 알 수 있다.

저축의 사전적 의미는 '절약하여 모으다'라는 뜻이며, 투자는 '가능성을 믿고 자금을 투하하다'라는 뜻이다. 공통점은 저축과 투자 모두 미래에 지출할 것을 위해 현재의 지출을 포기하는 것이다. 다른 점이라면 저축은 원금에 확정된 이자율을 보장받는 것이고, 투자의 경우는 원금과 이자가 보장이 안 되는 것이며, 또 저축의 경우 상품 가입 시점의 이자율에 의해 수익률이 확정된다는 것이다.

대표적인 저축상품으로 은행 예·적금, 지급액이 확정된 보험이나 연금 등이 있다. 투자는 대부분의 경우 시장의 변동성에 따라 상품의 가입 시점이 아닌 파는 시점(매도시점)에 최종 수익률이 결정된다고 할 수 있는데 주식, 채권, 펀드, 변액보험 등이 대표적인 투자상품이다.

저축은 자산이 불어나는 속도가 느리지만 자산 운용의 결과를 금융회사가 책임을 지기 때문에 원금이 손실될 염려가 없다. 반면에 시장 상황에 따라 변동할 수 있는 투자는 투자실적에 따라 투자자의 현금흐름에 불확실성이 있을 수 있으며, 그 결과는 오로지 투자자의 책임으로 그 책임을 중개한 금융회사가 지지 않는다.

## ▌ 자산 관리 패러다임의 변화 '저축의 시대에서 투자의 시대로'

한국경제의 성장기였던 1980년대부터 1990년대까지의 금리는 1990년대 초반 15% 내외 그리고 후반 10% 내외로, 큰 고민 없이 은행에 저축하는 것만으로도 돈을 불릴 수 있었다. 은행 예금에 가입하기만 하면 원금의 손실 걱정 없이 은행에서 알아서 재산을 불려준 것과 같았고 굳이 위험을 감수하면서 손실이 날 수 있는 투자 상품을 운용할 필요가 없었던, 그야말로 '저축의 시대'였다.

이후 세계적인 저금리 추세가 지속되면서 우리나라 금리는 5%대를 거쳐 2% 내외로 인하되었고 한편으론 급속한 평균수명의 증가로 인한 정년퇴직 후의 삶이 이전과는 달리 더 많은 시간을 보내기 위한 노후의 재무적 준비가 중요하다는 인식이 높아졌다. 과거 10%대의 예금금리 시대가 다시 오기는 어려워 보이는 경제 환경 속에서 한정된 자원으로 원금은 보장되지만 금리가 낮은 은행 예금상품만으로는 돈을 키우기 어렵다는 상황에서 사람들은 투자에 대한 고민을 하게 되었다.

투자를 촉진시킨 또 다른 요인에는 아마도 근로소득이나 사업소득의 증가 속도가 재산소득의 증가 속도를 따라잡기 어렵겠다는 위기의식이 팽배해지기 시작한 것도 작용한 듯하다. 한정된 자원으로 달라진 사회를 살아가기 위한 미래를 준비해야 한다는 측면에서 위험은 있으나 높은 수익률을 추구할 수 있는 투자로의 자산관리 관점이 이동하게 되었다. 저축을 더 이상 하지 않는다거나 할 필요가 없다는 것이 아니라 저축만으로 부를 축적하는 것에 분명한 한계가 있으니 투자 또한 생활화해야 하는 '투자의 시대'가 이미 시작된 것이다.

예금자보호제도는 금융회사가 영업정지나 인가취소 등으로 지급불능상태가 되어 고객이 맡긴 예금 등을 지급하지 못하게 될 경우 다수의 소액예금자(법인 포함)를 우선 보호하기 위해 예금보험공사가 '예금보험 가입 금융기관'에 해당하는 금융회사를 대신해 예금 등을 지급하는 제도이다. 예금보호공사는 평소에 금융기관으로부터 예금보험료를 받아 적립하는데, 은행·증권·보험·저축은행·종금사의 예·적금 및 보험계약 등을 보호하고 있다. 중요한 사항은 이들 금융기관이 취급하는 모든 금융상품이 보호대상이 아니라는 점으로, 금융투자상품, 실적배당형상품, 증권사 CMA, 후순위채권, 변액보험의 주계약(최저보증 제외) 등은 보호대상이 아니다. 그러므로 금융상품 가입 전 예금자보호대상 상품인지 꼭 확인해야 한다.

한편 예금자가 가입한 예금의 전액을 보호하지 않고 일정액만을 보호하는데 '원금과 소정이자를 합하여 1인당 5,000만 원'까지만 보호되며 초과금액은 보호되지 않는다. 특히 여기서 유의해야 할 점은 보호금액 5천만 원(외화예금 포함)은 예금의 종류별 또는 지점별 보호금액이 아니라 '동일한 금융회사 내'에서 예금자 1인이 보호받을 수 있는 총금액이며. 예금자가 해당 금융회사에 대출이 있는 경우에는 예금에서 대출금을 먼저 상환(상계)시키고 남은 예금을 기준으로 보호한다.

별도로 농·수협 지역조합, 신용협동조합, 새마을금고, 우체국은 예금자보호법이 아닌 개별 법령에 근거하여 자체 기금 등으로 예금자를 보호하고 있다.

(참고: 예금보험공사 홈페이지에서 보호대상 금융상품을 간편하게 검색할 수 있다.

http://www.kdic.or.kr 홈페이지 ⋯→ 예금자보호제도 ⋯→ 보호대상 ⋯→ 금융상품 ⋯→ 보호대상 금융상품검색)

# 금융상품에 대한 이해

## ▌자신이 없다면 가장 단순한 것부터 시작하라

우리가 사용하는 금융(金融)이란 말은 돈을 융통한다는 뜻으로, 그 융통의 수단이 바로 금융상품이다. 저축과 투자에서의 성공은 적절한 금융상품을 선택하는 일과 밀접한 관련이 있다. 금융상품은 무수히 많으며 다양한 형태로 저마다의 장·단점을 갖고 있다. 또한 각각 나름대로의 구조와 특징을 가지고 있으므로, 이를 이해하고 우리 집 재무목표 달성에 적합한 상품을 골라서 선택하는 일이 중요하다.

참고로 돈을 투자하는 방법에 자신이 없을 때는 가장 안전하며 단순한 것부터 시작하면 된다. 공부를 시작할 때 수준이 낮은 것부터 시작해서 한 단계씩 수준을 올려가는 것처럼 쉬운 것부터 시작해서 점차적으로 복잡한 투자로 범위를 확대해 가면 된다. 물론 모르면 주위에 있는 전문가에게 도움을 요청하고, 모르는 상품에 투자할 때 손실은 가장 크다는 것을 잊지 말고 상품을 알기 위한 시간과 노력이 들어가는 공부를 꾸준히 해야 한다. 더 중요한 것은 자신의 삶과 재무목표에 맞는 금융상품을 선택하여 운용하는 것이다.

## 단·중·장기 재무 목표에 따라 절세와 안전성 등을 고려하여 선택하라

2장에서 생애주기의 변화에 따라 연령대별로 경험하는 대표적인 생애 주요 이슈를 살펴봤다. 각자 라이프 사이클과 이벤트가 다를 수 있지만 여기서는 대부분의 사람들이 통과의례처럼 경험하게 되는 생애 주요 이슈를 재무목표로 설정한 후 저축과 투자를 하는 것으로 가정한다.

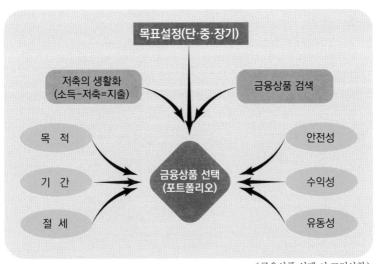

〈금융상품 선택 시 고려사항〉

우리는 종잣돈을 마련하기 위해서, 가진 돈을 늘리기 위해서, 자녀의 교육을 위해서, 위험에 대비하기 위해서, 그리고 노후에 쓸 생활비를 준비하기 위해서 등 다양한 목적으로 금융상품을 선택한다. 가장 중요한 것은 우리 집의 재무목표를 실현하는 데 가장 부합하는 금융상품을 신중하게 선택해야 한다는 것이다. 예로써 적금과 같이 모아서 단기자금으로 쓸 수 있을 것이라고 생각하고 금리가 높다는 장점에 현혹되어 주택청약종합저축에 가입한 경우는 재무목표에 맞지 않는 금융상품을 선택한 전형적인 사례이다. 주택청약종합저축은 내 집 마련에 분양신청을 위한 일종의 '권리통장'개념이지 긴급자금이 필요한 때 납입한 자금을 중도인출해서 쓸 수 있는 상품이 아니기 때문이다. 청약통장은 해지하는 것이 아니면 아직까지는 중도인출이 불가능한 통장이기 때문이다. 이와 같은 경우 중간에 금융상품을 변경함으로 인해 들어가는 비용의 낭비를 피할 수 없게 된다.

<자금의 목적별 주요 금융상품 종류>

| 자금의 목적 | 주요 금융상품 | 금융회사 |
| --- | --- | --- |
| 재산형성1<br>(목돈 만들기) | 수시입출금상품 (CMA, MMF, MMDA ),<br>직금 등 | 은행, 증권사, 종합금융사 |
| 재산형성2<br>(목돈 늘리기) | 정기예금, ISA, 금전신탁, 수익증권(펀드),<br>채권, 주식, 뮤추얼펀드, 변액보험 등 | 은행, 증권사, 자산운용사 |
| 주택자금 마련 | 주택청약종합저축,<br>청년우대형 주택청약종합저축 | 은행 |
| 자녀 교육 및<br>독립자금 마련 | 장학적금, 교육보험, 저축성보험 등 | 은행, 보험사 |
| 노후자금 마련 | 연금저축, 퇴직연금(IRP),<br>연금보험, 주택연금 등 | 은행, 증권사, 보험사 |
| 위험관리 | 보장성보험 (종신보험, 실손의료보험,<br>자동차보험, 치매보험, 간병보험 등) | 생명보험사, 손해보험사 |

〈※ 2023년 2월 기준, 현재 가입할 수 있는 금융상품 (예시)〉

## 투자는 '어떤(투자종목)'보다 '얼마 동안(투자기간)'이 더 중요하다

저축은 초단기 기한으로도 가능하다. 그러나 투자는 '어떤' 금융 상품에 투자할지를 결정하기 전에 '얼마 동안'이나 길게 투자할 수 있을지를 신중하게 고려해야 한다. 예를 들어, 주식에 투자한다면 시장이 오르고 내리는 변동성을 유의해야 한다. 주식에 투자했다가 내가 돈이 필요해서 매도하려고 할 때 시장이 하필 하락기라면 어떻게 해야 할까? 재무목표 실현 시기가 많이 남아 있을수록 투자로 돈을 운용하여 수익을 올릴 수 있는 시간이 많다. 반대로 재무목표 실현 시기가 얼마 남지 않을수록 투자로 돈을 운용할 수 있는 기간은 짧아지는 것이다. 이때는 투자 방법에 대한 선택이 달라지는 것이다.

자녀가 대학에 들어갈 때 쓸 교육자금을 마련하기 위한 투자를 한다고 가정해보자. 자녀가 태어나서 시작하는 투자는 장기투자의 방법을 사용할 수 있다. 그러나 초등학교를 졸업할 때, 고등학교를 입학할 때 등 점차 대학을 들어갈 시기가 가까워 오면 장기투자의 방법을 지속할 수 없고 목표한 시기에 돈을 쓸 수 있도록 준비될 수 있는 투자 방법으로 전환해야 한다. 즉, 처음부터 나중에 쓸 시기에 쓸 수 있는 형태로 준비될 수 있는 투자방법(예로서 60세 퇴직 후 쓸 생활비로 30세 때 연금상품에 가입 등)을 제외하고는 재무목표 실현 시기가 얼마나 남았는가에 따라서 그에 적합한 투자방법과 상품으로 변경할 수 있어야 한다.

그러므로 자금이 필요한 시기에 변화가 없는지에 대한 점검과 현재의 자금 운용 방법이 필요한 시기에 인출해서 사용하는 데 문제가 없는지 등을 주기적으로 살펴보고 그에 맞추어 자금 운용 방법을 조정해야 한다.

<투자 기간에 따른 금융상품(예시)>

| 투자 기간 | 투자 목적 | 투자 관점 | 투자 비중 | 대표적인 상품 |
|---|---|---|---|---|
| 1년 미만 | 비상예비자금, 생활비 | 수시 입출 | 단기투자 20% (안정성>수익성) | 저축예금, CMA, MMF, MMDA, RP 등 |
| 1 ~ 3년 | 목돈, 전세금 인상분 | 안정성, 확정이자 | | 적금, 예금 등 |
| 3 ~ 10년 | 자녀 교육비, 내 집 마련 | 안정성, 수익성 | 중기투자 50% (안정성=수익성) | 적립식 펀드, |
| 10년 이상 | 자녀 독립, 노후자금 | 복리효과, 수익성, 절세 | 장기투자 30% (안정성<수익성) | 주식, 연금저축, 퇴직연금, 연금보험, 저축성보험 등 |

## 인간이 피할 수 없는 두 가지, 죽음과 세금

미국 지폐 100달러에 그려진 건국의 아버지 벤저민 플랭클린의 "인간에게 피할 수 없는 두 가지가 있다. 하나는 죽음이고 하나는 세금이다"라는 유명한 말이 생각난다. 소득이 있는 곳에는 항상 세금이 있다는 말이다. 금융상품을 통해 벌 수 있는 소득에는 어떤 것들이 있을까? 이자소득, 배당소득, 연금소득, 양도소득, 기타소득 등이 있다.

우리는 투자상품과 수익률에는 신경을 많이 쓰지만 왠지 투자 과정에서 발생하는 세금에 대해서는 무심한 것이 아닌가 싶다. 세법이란 것이 전문적이고 복잡하면서 매년 개정되는 변화무쌍한 영역이다 보니 보통 사람 입장에서는 어렵다는 생각이 먼저 드는 것이 사실이다. 금융상품을 보유·처분하는 과정에서 세금이 발생하는데 실제로 세금을 얼마 떼느냐에 따라 내 손에 실제로 잡히는 최종 이익금이 결정된다. 그러므로 금융상품에 어떤 세금이 얼마나 붙는지 알아야 투자와 관련된 현명한 의사결정을 할 수 있다. 금융상품과 연관되어 있는 다양한 세금과 세금부과에 대해 간단히 알아보자.

<금융상품에 부과되는 세금>

| 금융상품 | 소득<br>구분 | 원천징수<br>세율* | 종합과세 여부 |
|---|---|---|---|
| 예금, 적금 등 | 이자소득 | 15.4% | 연간 2,000만 원 초과 시 종합과세<br>(6.6% ~ 49.5%) |
| 적립식펀드,<br>ELS 등 | 배당소득 | 15.4% | |
| 해외주식<br>매매 등 | 양도소득 | 없음 | 분류과세 (11%, 22%, 33%) |
| 주식대여 | 기타소득 | 22% | 300만 원 초과시 종합과세<br>(6.6% ~ 49.5%) |
| 연금상품<br>(연금수령) | 연금소득 | 3.3 ~<br>5.5% | 공적연금-무조건 종합과세(6.6% ~ 49.5%)<br>개인연금계좌-분리과세(16.5%)<br>또는 종합과세(6.6% ~ 49.5%) |
| 연금상품<br>(일시금수령) | 기타소득 | 16.5% | 분리과세(16.5%) |

*예외적인 원천징수세율(지방소득세 포함) 있음

〈출처 : 금융투자 절세가이드, 전국투자자교육협의회〉

"금융소득이 연간 2천만 원을 초과하는 경우, 2천만 원까지는 원천징수세율(소득세 14%, 지방소득세 1.4%)로 분리과세 되지만, 2천만 원을 초과하는 금액에 대해서는 다른 종합소득(근로소득, 부동산임대소득 등)과 합산해 6.6~49.5% 누진세율로 종합과세 신고를 해야 한다.
과세방법을 살펴보면 종합과세는 이자, 배당, 부동산사업, 사업, 근로, 연금, 기타소득 중 비과세소득과 분리과세 소득을 제외한 남은 소득을 합산한 그 전체에 대해 과세한다. 분리과세는 일부 특정 소득금액이 타 소득과 합산되지 않고 분리되어 당해 소득이 지급될 때 건별로 단일세율에 의해 소득세가 원천징수 되는데 분리과세의 당해 소득자는 원천징수로서 납세의무가 종결된다."

## 절세상품을 활용하라

세금을 피할 수 없다면 절약할 수 있는 방법을 찾아야 한다. 절세를 통해 내야 하는 세금이 줄어든다면 나한테는 그만큼 쓸 수 있는 가처분소득이 늘어나는 것과 같은 효과가 생기기 때문이다. 절세한 만큼 돈을 벌게 되는 것이다. 그러나 무조건 절세상품에 가입할 것이 아니라 절세상품으로 기대할 수 있는 세금혜택이 나에게 유효한지를 꼼꼼하게 확인해야 한다. 유의할 점은 절세상품에 가입하는데 엄격한 요건이 있을 수 있으며 중도에 해지하거나 변경이 필요할 때 제약이나 위약금과 같은 불이익이 있을 수 있다는 것이다.

<비과세(과세대상에 세금을 부과하지 않는 것) 금융상품>

| 금융상품 | 주요 비과세 혜택 및 요건 |
|---|---|
| 비과세종합저축 | 저축예금, 정기예금, 정기적금 등<br>(단 만65세 이상이거나 독립유공자,<br>장애인, 기초생활수급자 등<br>사회적 보호가 필요한 일부 계층만 대상,<br>1인당 가입한도 5,000만원) |
| 조합 출자금 및 예탁금<br>(농협,수협,신협,<br>산림조합,<br>새마을금고 등 합산) | 출자금 (가입한도 1,000만원)<br>예탁금 (가입한도 3,000만원)<br>*단, 농어촌특별세 1.4% 과세 |
| 농어가목돈마련저축 | 저축금+ 저축 장려금 (저소득의 농민, 어민, 양축인, 임업인,<br>연간 납입한도 240만원) |
| 장기저축성보험 | 보험차익 (만기해지환급금-납입한 보험료,<br>납입기간 5년 이상, 보험유지기간 10년 이상,<br>일시납의 경우 1억원 이하의 보험계약<br>월 적립식인 경우 월 보험료 150만원 한도) |

| | |
|---|---|
| ISA<br>(개인종합자산관리계좌) | 만기 인출 시 순이익<br>(계좌당 일반형 200만원, 서민형 400만원)<br>*초과금액은 9.9% 분리과세 |
| 주식(국내상장) | 매매차익 (주식,펀드, 랩)<br>*배당소득세, 증권거래세는 과세 |
| 브라질 국채 | 이자 |

<소득공제(과세대상 소득에서 일정 금액을 차감하는 방식) 금융상품>

| 금융상품 | 소득공제 혜택 및 요건 |
|---|---|
| 주택청약종합저축<br>근로자주택마련저축 | 납입액의 40%<br>(주택청약종합저축-무주택자, 연간 납입 240만원 한도,<br>근로자주택마련저축-연간 납입 180만원 한도) |
| 장기집합투자증권저축 | 납입액의 40%<br>(총급여액 5천만원 이하, 연간 납입 600만원 한도) |

〈소득공제〉

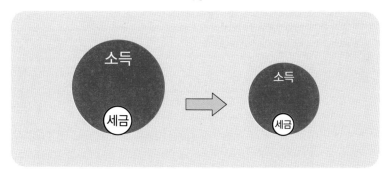

※ 소득공제란 소득이 발생하기 위해 들어간 비용을 인정하여
세금 부과 대상이 되는 소득을 줄여 공제를 하는 방식이다.
소득이 줄면 세금도 줄어들므로, 세금 혜택 효과가 있다.

<세액공제(산출된 세액에서 일정액을 차감하는 방식) 금융상품>

| 금융상품 | 세액공제 혜택 및 요건 |
|---|---|
| 연금저축/개인형 IRP | 납입액의 13.2%(총급여 5,500만원 이하는 16.5%)<br>(퇴직연금 IRP 납입액 포함하여 900만 원 한도) |
| DC형 퇴직연금 | |
| 개인추가납입 | |
| 보장성보험 | 납입보험료의 12% (연간 100만 원 한도) |
| 장애인 전용 보장성보험 | 납입보험료의 15% (연간 100만 원 한도) |

〈세액공제〉

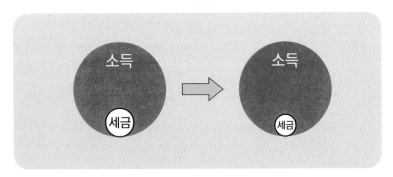

※ 세액공제란 소득공제를 거쳐 계산된 세액을 줄여 공제를 해주는 방식이다.
소득은 그대로 둔 채 부과된 세금을 줄여줌으로써 혜택을 준다.

예를 들어, 은행에서 매월 100만 원씩, 연5% 금리로 1년 만기 상품에 가입했을 때 1년 후 이자소득세 15.4%를 공제하고 실질적으로 내 손에 들어오는 이자는 274,950원이다. 즉 금융회사에서 말하는 명목금리는 5% 적금상품은 실질적으로 세후 2.29%의 상품인 것이다. 따라서 금융회사에서 말하는 금리보다 실제 수익이 얼마인지를 파악하는 것이 중요하다.

5.00

| | 4.58 | | | | | | | | | | |
| | | 4.17 | | | | | | | | | |
| | | | 3.75 | | | | | | | | |
| | | | | 3.33 | | | | | | | |
| | | | | | 2.92 | | | | | | |
| | | | | | | 2.50 | | | | | |
| | | | | | | | 2.08 | | | | |
| | | | | | | | | 1.67 | | | |
| | | | | | | | | | 1.25 | | |
| | | | | | | | | | | 0.83 | |
| | | | | | | | | | | | 0.42 |

| 1회 | 2회 | 3회 | 4회 | 5회 | 6회 | 7회 | 8회 | 9회 | 10회 | 11회 | 12회 |

| 횟수 | 이자(원) | 횟수 | 이자(원) |
|---|---|---|---|
| 1회 | 50,000 | 7회 | 25,000 |
| 2회 | 45,800 | 8회 | 20,800 |
| 3회 | 41,700 | 9회 | 16,700 |
| 4회 | 37,500 | 10회 | 12,500 |
| 5회 | 33,300 | 11회 | 8,300 |
| 6회 | 29,200 | 12회 | 4,200 |
| 이자 총 합계 : 325,000원 - 이자소득세 15.4% = 최종 지급 이자 274,950원 | | | |

- 단리는 원금에 대해서만 이자율을 적용하여 이자를 계산하는 방법. 이때 발생하는 이자는 원금에 합산되지 않기 때문에 이자에 대한 이자는 발생하지 않는다.

- 복리는 중복된다는 뜻의 복(復)과 이자를 의미하는 리(利)가 합쳐진 단어로, 이자에 이자가 붙는다는 뜻. 아인슈타인은 복리에 대해 '인긴의 가장 위대한 발명이자 세상의 8번째 불가사의'라고, 워런 버킷은 '복리는 언덕에서 눈덩이(snow ball)를 굴리는 것과 같다'고 복리의 마법을 표현했다. 복리의 경우, 시간이 흐름에 따라 그 증가속도가 기하급수적임을 볼 수 있다. 복리는 저축의 규모를 늘리는 마법을 부리듯 안타깝게도 빚에 대해서도 마법을 부린다는 것이다.

<단리와 복리 이율 계산의 예시(원금 100만 원, 수치는 세전 원금+이자)>

| 구분 | | 1년 | 3년 | 5년 | ----- | 10년 | 20년 | 30년 |
|------|------|------|------|------|------|------|------|------|
| 3% | 단리 | 103.0 | 109.0 | 115.0 | ----- | 130.0 | 160.0 | 190.0 |
| | 복리 | 103.0 | 109.4 | 116.1 | ----- | 134.9 | 182.1 | 245.7 |
| 5% | 단리 | 105.0 | 115.0 | 125.0 | ----- | 150.0 | 200.0 | 250.0 |
| | 복리 | 105.1 | 116.1 | 128.3 | ----- | 164.7 | 271.3 | 446.8 |
| 10% | 단리 | 110.0 | 130.0 | 150.0 | ----- | 200.0 | 300.0 | 400.0 |
| | **복리** | 110.5 | 134.9 | 164.5 | ----- | **270.7** | **732.8** | **1,983.7** |

(단위: 만원)

# [Tip] 3. 금융상품의 분류

　금융상품은 투자한 원금의 손실 가능성에 따라 금융투자상품과 비금융투자상품으로 나눌 수 있다. 그리고 원금 초과 손실의 가능성에 따라 증권과 파생상품으로 나눌 수 있으며, 거래를 정형화된 시장에서 하는가 아닌가에 따란 장내파생상품과 장외파생상품으로 나눌 수 있다.

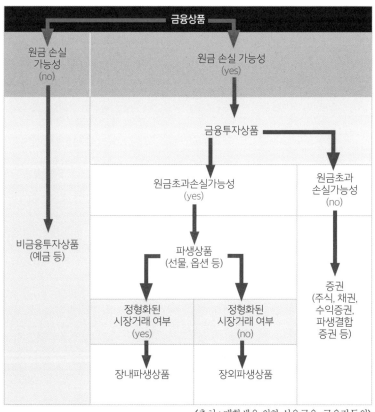

〈출처 : 대학생을 위한 실용금융, 금융감독원〉

　주변에서 투자 상황을 표현할 때 손실과 손해 두 용어를 혼돈해서 사용하는 경우를 볼 수 있다. 투자를 하면 '수익'을 볼 수도 있고 '손실'을 볼 수도 있다. 곧 손실은 투자에서 마이너스 수익의 의미로서 현재 평가액이 투자원금보다 줄어든 상황을 말하며 투자 손실은 투자자의 선택으로 발생한 결과이다. 그에 반해 손해는 금융회사가 법을 어기고 금융상품·서비스를 제공한 불법적인 행동으로 인해 투자자에게 재산상의 손해가 발생하는 것으로 투자 피해 또는 투자 손해라고 하며 이에 대한 배상을 청구할 수 있다. 이제부터는 상황에 맞게 손실, 손해라는 용어를 사용하자.

# 투자에 성공하기 위한
# 기본 원칙

## 투자의 핵심, 자산배분

투자에 성공하는 데 가장 중요한 요인은 무엇일까? 투자대상인 종목을 잘 고르는 것? 사고 파는 타이밍이라고 할 수 있는 투자 시기? 다양한 자산, 지역 등에 나누어 투자하는 자산배분?

《파이낸셜 애널리스트 저널》에 따르면 투자의 성공을 결정하는 핵심 요소는 종목 선정(4.8%), 매매타이밍(1.8%) 기타(2.1%)보다는 자산배분(91.3%)이 중요한 요소라고 한다. 예를 들어 투자자금을 주식, 금, 부동산, 유동성 등 다양한 자산군으로 분산하는 것을 의미한다. 왜냐하면 단일 자산으로는 불확실한 시장상황을 방어해낼 수 없기 때문이다. 마치 자산배분은 균형이 잘 잡힌 식단과 같다고 할 수 있다.

그럼 나를 위해 잘 짜여진 식단이 다른 사람에게도 적합할까? 아니다. 왜냐하면 각자의 투자성향, 과거 실전투자에서의 성공과 실패의 경험, 라이프 스타일에 따른 다양한 재무목표, 순자산의 수준 등이 다르기 때문이다. 그러므로 자산배분은 불변의 것이 아니라 돈을 써야 할 시기 등 상황에 따라 조정이 되어야 한다. 자산배분에 있어서 운용하는 자산의 편입비중 등을 주기적으로 재조정하는 것을 리밸런싱(Rebalancing)이라고 하는데 투자시장의 상승기, 하락기, 그리고 혼란기에 시장 변화에 빠르게 대응하기 위한 자산배분에 대한 점검과 조정, 즉 리밸런싱에 집중하는 것도 중요한 투자전략 중의 하나다.

## 자산배분이란?

투자의 귀재 워렌 버핏의 명언 중에 '계란을 한 바구니에 담지 말라'는 말이 있다. 사고로 한 바구니에 담겨있던 계란이 모두 깨질 수 있으니 여러 바구니에 나누어 담아 위험을 분산시키는 것이다. 자산배분은 서로 다른 성격의 자산들을 적절한 비율로 혼합하여 투자자산을 관리하는 것으로, 특정한 자산에서 손실이 난 경우 나머지 자산들로 손실을 만회할 수 있도록 투자의 위험에 대비하는 것이다. 즉 자산배분은 위험을 통제한 가운데 수익률을 목표수익률에 근접할 수 있도록 자산별 비중을 조정하게 되는데 가계의 재무목표, 투자 기한, 투자자의 투자성향, 기대수익률 등에 따라서 자산군별 비중이 결정되게 된다. 다음 표는 자산의 종류에 따른 투자대상별, 지역별 구분을 보여주는 것으로 자산배분의 일반적인 현실을 보여주기 위해 2023년 2월 기준의 금융상품을 대상으로 정리한 것이다.

| 자산의 종류 | 자산군 | | 금융상품 |
|---|---|---|---|
| | 투자대상별 구분 | 투자지역별 구분 | |
| 채권 | 국공채, 회사채, 하이일드 옵션부 채권 등 | 국내, 해외 (선진국, 이머징 등) | 정기예금, 정기적금, 펀드 등 |
| 주식 | 규모별(대/중/소), 가치특성별(가치주,성장주) 투자전략별(액티브,인덱스) 등 | 국내, 해외 (선진국, 이머징 등) | 가치주펀드, 성장형펀드, 인덱스주식펀드 등 |
| 부동산 | 토지, 건물, 거주용/업무용 등 | 국내, 해외 | 리츠, 부동산펀드, 부동산(직접보유) 등 |
| 대안투자 | 부동산, 금, 달러, 원자재, 광물, 원유, 실물 등 | 국내, 해외 | 금펀드, 선박펀드, 인프라펀드 등 |
| 현금자산 | | | MMA, MMDA, CMA, CD, 보통예금 |

## 포트폴리오 구성하기

저축과 투자는 재산을 늘리기 위해 금융상품을 선택하는 일이다. 예를 들어 투자금액으로 주식을 하는데 개별기업 한 곳에 모두 투자했다고 가정하자. 해당 기업의 주식 가격이 올랐다면 큰 수익이 나서 환영할 일이지만, 반대로 투자한 기업의 주식 가격이 크게 떨어졌다면 큰 손실을 보게 된다. 만약 하나의 기업이 아닌 여러 기업에 나누어 투자했다고 가정하면 가격이 오른 기업도 있고 떨어진 기업도 있고 해서 전체적으로 손익을 통산해보면 큰 손실을 면할 수 있게 될 것이다.

포트폴리오는 성공적인 투자로 이끌기 위한 필수 요소이지만 투자는 수익만을 목적으로 하지 않으며 일정 부분 손실을 예방하는 것도 중요하다. 금융상품을 선택할 때 위험을 회피하고 안정적인 수익을 추구할 것인지 아니면 위험을 감수하더라도 어느 정도의 수익을 추구할 것인지의 비중을 결정하고 그에 따라 투자자금을 안전자산과 위험자산으로 나눈다. 투자자의 투자성향에 따라 금융상품을 선택할 때 안전성과 수익성을 고려하여 적절하게 배분하는 것을 포트폴리오(portfolio)라고 한다. 포트폴리오는 손실이 크게 날 수 있는 위험을 줄이면서 적정한 수익을 추구하기 위해 최종적으로 개별 자산의 비율을 조정하게 된다.

<투자 포트폴리오 6단계 구성의 예시>

- 1단계 : 재무상태 파악 및 분석
- 2단계 : 재무목표 파악
- 3단계 : 자산배분전략 수립: 투자성향, 투자자금의 성격, 기대수익률, 투자 기간 고려
- 4단계 : 자산군 선택 및 분배 비중 결정-안전자산, 위험자산, 대체자산(주식, 채권, 현금성 자산, 부동산, 금, 달러, 원자재 등)
- 5단계 : 포트폴리오 구성을 위한 분산기법 적용하여 투자상품 선정(스타일 분산, 투자기간 분산, 투자지역 분산, 기준통화 분산 등)
- 6단계 : 시장 변동성에 따른 리밸런싱 전략

다음의 영구 포트폴리오와 자산3분법 포트폴리오는 모두 자산배분의 예시 목적으로 작성한 것이다.

<포트폴리오 예시 1 - 영구 포트폴리오>

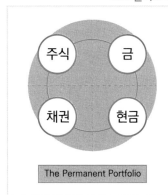

• 해리 브라운(Harry Browne)의 투자전략
• 자산 종류를 금, 주식, 채권, 현금으로 각각 25%로 나누어 투자하는 전략
• 이해하기 쉬우며 안정성이 높아 투자초보자에게 추천되는 포트폴리오
• 변동성이 낮다는 장점과 장기 기대수익률이 낮다는 단점이 있다.

<포트폴리오 예시 2 - 자산3분법 포트폴리오>

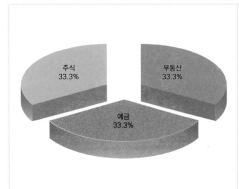

• 예금, 주식, 부동산으로 각각 1/3씩 나누어 투자하는 전략
• 인플레이션에 대응하는 대체 투자효과가 있는 장점과 높은 주택가격과 주식시장의 큰 변동성 고려 시 한계점이 있는 단점이 있다.

## 투자는 시간에 투자하는 것이다

비상자금은 언제 써야 할지 모르기 때문에 유동성이 중요하고 그래서 보통의 경우 예금을 활용한다. 지인이 2년 후에 전세자금을 올려줘야 해서 준비해 둔 자금이 있는데 어떤 금융상품에 넣어 불려야 할까를 고민 중이라면서 '주식과 펀드 중에 어떤 것이 좋을까?'라고 의견을 구하면 당신은 뭐라고 조언을 할 것인가? 가끔 주위에서 듣는 얘기는 투자를 하다 돈이 필요해서 인출하려면 그동안은 시장이 좋다가도 하필 내가 찾아 쓰려면 시장이 안 좋다는 말이다. 돈을 사용할 시기가 2년밖에 남지 않았고 전세자금처럼 주거와 관련해서 꼭 지출되어야 할 중요한 자금이라면 수익률을 기대하고 투자 상품을 찾을 것이 아니고 손실 없이 필요한 금액이 보존될 수 있는 안정적인 저축 상품을 찾아야 한다. 즉 수익에 대한 욕망을 버리고 돈을 써야 하는 시기까지 운용할 수 있는 기한에 따라 적절한 금융상품을 선택해야 한다는 것이다.

저축의 경우는 상품 선택 시 투자기한이 정해지는 경우가 대부분이라면 투자의 경우는 시장 변동성에 따라 투자상품의 운용을 기한 없이 할 수도 있다. 투자상품을 단기적으로 운용할 때는 때로는 그 위험을 축소하기 어려울 때도 있지만, 연구결과에 의하면 장기투자를 하는 경우에는 손실 발생 가능성을 최소로 줄이는 것이 가능하다고 한다. 즉 시장의 상승과 하락을 투자 기간 동안 수차례 거치면서 단기투자 시 놓칠 수 있는 시장 상승을 놓치게 될 위험을 줄여준다고 한다. 그렇기에 변동성이 심한 시장상황에 내둘리지 않기 위해 시간적 여유를 가지고 운영할 수 있는 자금으로 투자를 해야 하는 이유다.

# 투자에 실패하지 않기 위한 방법

## 빚내서 투자하지 말자

투자 관련해서 가끔 듣게 되는 것이 '레버리지 투자'라는 말이다. 레버리지는 '지렛대'라는 뜻으로 내가 가진 힘으로만은 무엇인가를 들어 올리거나 움직이는 것이 어려울 때 사용하여 목적을 이루는 것이란 의미에서 타인이나 금융회사로부터 빌린 돈을 지렛대 삼아 투자를 하여 수익을 높이고자 하는 것을 말한다. 물론 빌린 돈에 대한 이자부담이 내가 생각하는 기대수익률에 비해 부담이 적은 경우 빌려서 투자하는 것도 현명하다는 생각을 하게 되는 것이고 '레버리지가 높다'라는 말은 외부로부터 빌린 돈이 많다는 것을 의미한다. 예를 들어 10%의 투자수익률이 예상되는 금융투자상품에 투자하는 것을 살펴보자. 자기 돈 100원을 투자하면 투자수익은 10원이고 수익률은 10%이다. 만약 남의 돈 100원을 5%로 빌려 자기 돈 100원과 함께 투자하면 투자수익률 10%에 따라 20원의 투자수익(자기 돈

100원과 남의 돈 100원)이 발생하고 이 투자수익에 빌린 돈 100원의 이자 5원을 차감하면 순투자수익은 15원이며, 투자수익률은 15%(15원/100원(자기 돈))이다. 남의 돈을 빌림으로써 즉 레버리지를 통해 수익(10원에서 15원)과 수익률(10%에서 15%)을 높일 수 있다. 레버리지 효과가 있으려면 남의 돈을 빌리는 비용이 예상되는 투자 수익보다 적어야만 한다.

만약 이 금융투자상품의 투자수익률이 예상과 달리 -10%의 수익률로 밝혀지면 어떻게 될까? 자기 돈 100원을 투자하면 투자수익은 -10원이고 수익률은 -10%이다. 만약 남의 돈 100원을 5%로 빌려 자기 돈 100원과 함께 투자하면 투자수익률 -10%에 따라 -20원의 이익 즉 20원의 손실이 발생하고 이 손실에 빌린 돈 100원의 이자 5원을 추가하면 순투자수익은 -25원 즉 순투자손실 25원이며, 투자수익률은 -25%(-25원/100원(자기 돈))이다. 남의 돈을 빌림으로써 즉 레버리지를 통해 손실(10원에서 25원)과 수익률(-10%에서 -25%)이 확대된다. 레버리지를 통해 예상된 투자수익이 실현되면 더 많은 투자수익과 더 높은 투자수익률을 얻을 수 있지만, 예상된 투자수익이 손실로 실현되면 더 많은 투자손실과 더 낮은 투자수익률로 이어진다.

초저금리가 지속되면서 투자를 통한 재산 불리기를 위한 조급한 마음에서 주식이나 부동산에 대한 투자가 가열되어왔다. 물론 투자의 시장에서 레버리지 투자를 절대 금기시 하는 것은 아니다. 단지 이러한 레버리지 전략이 투자전문가가 아닌 투자초보자 일반인에게 마치 당연히 활용되어야 할 전략처럼 권유되어서는 안 된다는 것이다. 투자시장의 매커니즘에 대한 이해가 성숙해지지 못한 상태에서 예상치 못한 이자나 손실로 큰 어려움에 빠질 수 있기 때문이다.

금융상품에 투자하기 위해 집을 담보로 대출을 받아서 하거나 마이너스 통장으로 대출을 받아 투자를 하거나 이는 모두 레버지리 효과로 얻게 될 수익만을 기대하는 생각에서 하는 것이다. 묻고 싶다. 당장 내일의 투자 시장의 변동성은 어느 누구도 예측할 수 없는 일인데, 혹시 시장의 하락기가 갑자기 찾아왔을 때의 대응책은 준비되어 있는지? 내 자본과 대출해서 넣은 투자금이 전부 날아갔을 때와 같은 최악의 상황이 생겼을 때 탈출구는 준비되어 있는지? 레버리지 투자로 큰 돈을 벌 수 있는 가능성 만큼 비례적으로 위험에 크게 노출되어 있다는 생각을 잊지 말아야 한다. 소득과 지출의 불균형이 언제 내게로 올지 알 수 없는 삶에서 대출에 따른 책임 비용에 대한 이해와 함께 투자 시장의 매커니즘과 같은 금융 지식에 대한 공부가 이루어지 않은 경우에 레버리지 투자는 하지 말아야 한다.

## ▌금융상품 선택의 3가지 원칙을 지키자

저축과 투자에 대한 강연 말미에 자주 듣는 말은 "안전하면서 수익이 좋은 금융상품을 소개해달라"는 것이다. 지금은 저축만으로 부를 늘리는 데 한계가 있고 그렇다고 투자의 물결에 뛰어들자니 갖고 있던 것마저 잃어버릴까 두려운 마음이 드는 것에 공감을 하게 된다. 한번 가정해보자. 나의 앞길에 갈림길이 놓여 있는데 나는 어느 쪽으로 갈 것인지.

여기 한 갈래 길은 원금 손실의 위험 없이 보전될 수 있는 안전한 길이고 다른 한 갈래 길은 가격변동 등에 따라 가치상승이 기대되는 수익성이 높은 길이 있다. 한 길만 선택할 수 있다면 솔직하게 내가 가고 싶은 길은 어느 쪽 길인가? 안전성과 수익성은 결코 정비례 관계가 될 수 없다는 것이다. '하이 리스크, 하이 리턴(High Risk High Return)'이란 말은 높은 수익을 기대한다면 투자 위험도 높을 것이라는 말로 마치 "세상에 쉬운 것은 없다"라는 말로 이해된다.

금융회사에서 판매하는 다양한 투자상품 중 투자자의 욕망을 채워줄 수 있는 높은 수익을 기대할 수 있는 상품을 찾는 것은 어렵지 않다. 그러나 유념해야 할 점은 수익이 많이 날 수 있다는 것은 위험이 높거나 내가 돈이 필요할 때 손실 없이 언제나 현금화하는 데 문제가 없을 수 있는가이다. 언제든지 돈이 필요한 시점에 운용하던 자산을 손실 없이 현금화할 수 있는 것을 유동성이라고 한다. 중도해약이 불가능하거나 인출이 되지 않는 기간이 설정되어 있거나 현금화하기 위해서는 수수료를 많이 물어야 한다거나 등은 유동성을 저하시키는 것이다.

이와 같은 금융상품 속성 간의 관계를 보면 예금처럼 안전성과 유동성이 높은 금융상품은 수익성이 낮고, 반대로 주식처럼 안전성과 유동성이 낮은 금융상품은 높은 수익성을 기대할 수 있는데 이 세 가지 속성을 동시에 만족시킬 수 있는 금융상품은 거의 없으니 기대하지 말자는 결론이다.

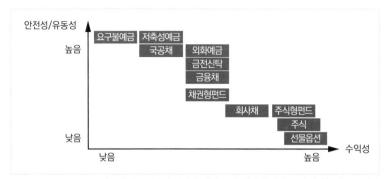

안전성/유동성

높음

요구불예금　저축성예금
　　　국공채　외화예금
　　　　　　금전신탁
　　　　　　금융채
　　　　　채권형펀드
　　　　　　　　회사채　주식형펀드
　　　　　　　　　　　　　주식
　　　　　　　　　　　　선물옵션

낮음

낮음　　　　　　　　　　높음

수익성

〈※ 출처 : 금융상품의 속성별 구분 (《알기 쉬운 금융생활》, 한국은행)〉

## 투자에 실패하는 사람들의 심리를 극복하자

사람이 가장 감정적인 태도를 취할 때는 돈과 관련되었을 때라고 한다. 중요한 투자의사 결정을 내릴 때 모순적이거나 비합리적인 모습을 보이고 비이성적인 의사결정을 내리는데 불행하게도 대다수의 투자자들은 자신들이 내린 비이성적 의사결정에 대해 자각하지도 못한다고 한다. 개인투자자들이 보이는 비합리적 심리는 지면 관계상 몇몇 사례에 불과하지만 현실에서는 비일비재하다는 것이다. 무엇보다 투자시장에서 성공을 갈망한다면 우리 스스로 비이성적인 태도를 보일 수 있다는 점을 인지·인정하고 이해하며 자신의 감정을 극복할 수 있어야 한다.

1) 가장 대표적인 개인투자자의 심리는 상승장에서 나타나는 '탐욕'과 하락장에서 보이는 '공포'로 이 두 가지 감정은 투자자의 의사결정에 막대한 영향을 끼치는 대표적인 감정이라고 한다. 투자자들

은 이러한 감정으로 인해 기업의 내재가치를 제대로 평가하지 못하고 터무니 없는 가격에 주식을 매수하거나 매도하게 된다고 한다. 나도 탐욕과 공포의 감정을 가졌던 경험이 있는지 뒤돌아본다.

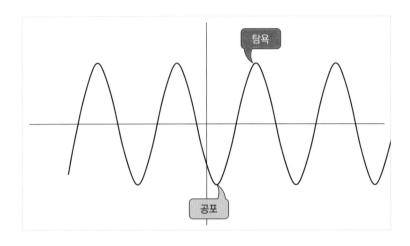

2) 투자의 귀재 워렌 버핏은 투자시장을 '참을성 없는 개미로부터 인내심이 강한 투자자에게 자산을 이전하는 시스템'이라고 정의했는데 이는 진정한 투자자들은 주식의 가격은 합리적·비합리적인 요인들에 의해 영향을 받아 오르고 내리는 불안한 장세를 보이는 것을 당연시하면서 이러한 현상에 휘둘리지 않고 자신들이 분석하고 판단했던 가치로 주가가 제자리를 찾을 것을 인내심을 갖고 기다리거나 오히려 더 큰 이익을 얻을 수 있는 절호의 기회로 삼는다고 한다. 혹시 조급증으로 주가가 조금 오르자 더 오를 수도 있는 것을 참지 못하고 팔고 성급히 나온 적은 없는가?

3) 투자자들은 오른 주식은 서둘러 팔고, 내린 주식은 오래 붙들고 있는 태도를 보이는데 이를 행동재무학에서는 처분 효과라고 한다. 오른 주식은 언제가 떨어질 것이고, 주가가 떨어진 주식은 언젠가 오른다는 생각에 따른 태도라고 한다. 그러나 오른 주식은 돈을 더 벌어다 줄 주식이 될 수 있는데 성급하게 팔아버린 모양새가 되고 주가가 떨어진 주식은 가격이 더 떨어지거나 오랜 시간 손실을 유지하게 되는 경우가 많다.

이러한 비합리적 행동은 매수 시점보다 가격이 떨어진 것을 파는 순간 손실이 확정되는 것을 피하고자 하는 심리 때문으로 과감히 손절매하지 못하고 보유한다고 한다. 특히 내가 스스로 공부해서 선택한 종목이 아니라 남들의 얘기를 듣고 투자한 종목일수록 이와 같이 앞뒤가 맞지 않는 태도를 취하는 경우가 많다고 한다.

## 투자에 대한 나만의 기준과 원칙을 세우자

우리는 한정된 자원을 가지고 있고 저축만으로는 미래에 현재와 같은 실질적인 구매력을 유지하는 것이 어렵다는 것을 알게 되었다. 저축과 투자가 더 이상 선택이 아니라 필수라면 좀 더 적극적으로 임해야 한다고 생각한다. 실패를 줄일 수 있는 투자가 되기 위해서는 나만의 명확한 기준과 원칙을 세우고 시작하는 것이 중요하다. 투자에 대한 기준과 원칙은 흔들리는 나를 잡기 위한 것이 될 수도 있으며, 그 기준과 원칙대로 투자한다면 비록 시작단계에서 실패하더라도 실패로부터 배우는 것이 분명히 있을 것이다.

1. 수입 중 일정 부분을 저축 및 투자한다.
2. 모르는 것에 투자하지 않는다. 금융회사 전문가 앞에서 상품을 이해하는 척하기보다 '잘 알기 위해서 공부를 하고 질문을 한다'.
3. 나만의 포트폴리오를 만들고 지키며 주기적으로 점검한다.
4. 기준과 원칙을 절대 포기하지 않는다.

# 4장

# 신용과
# 부채관리

# [점검하기]
# 개인 신용도 테스트

우리는 금융 생활에 기초가 되는 신용에 대해 얼마나 알고 있을까? 다음 테스트는 신용회복위원회에서 사용하는 신용도 테스트로 자신의 신용에 대한 상식 수준을 점검해볼 수 있다.

해당하는 항목에 체크 표시를 한다.

&lt;개인 신용도 테스트&gt;

- 종종 휴대폰 요금이나 신용카드 결제가 늦을 때가 있다.
- 예전에는 현금으로 구매했던 물품들을 신용카드로 구매하게 된다.
- 내가 하루 동안 얼마나 돈을 쓰는지 잘 모른다.
- 신용카드 대금을 지불하기 위해서 현금서비스나 또 다른 대출을 받을 때가 있다.
- 신용카드를 사용한 월 지출이 총 얼마인지 정확히 알지 못

한다.

- 구매한 물건이 반드시 필요한 것인지 판단하기 어렵다.
- 신용카드를 만들고 난 후 더 많은 돈을 쓴다.
- 신용카드 대금 결제를 위해 저축한 돈을 꺼내 쓰곤 한다.
- 이미 신용카드 대금을 연체하고 있다.
- 매달 소득(용돈, 급여 등)보다 더 많은 카드 대금을 상환하고 있다.

- 체크항목 0~2개

신용 상태가 아주 좋다. 계속해서 꾸준히 신용관리를 하자.

- 체크항목 3~6개

신용에 대한 개념이 조금 부족하다. 신용카드를 사용하거나 돈을 지출하기 전에 좀 더 신중해지는 것이 좋다.

- 체크항목 7개 이상

더 이상 신용카드를 사용하는 것이 위험한 상황이다. 수입과 지출 흐름을 파악하고 무엇이 문제인지 고민하자.

〈 ※ 출처 : 신용관리 길라잡이, 신용회복위원회 〉

# 현대인의 삶에서
# 신용의 의미

## 신용도 자산인 시대

신용카드, 교통카드, 휴대폰 요금, 전기료, 대출, 렌탈 정수기 등 최근의 우리 일상에는 재화나 서비스를 먼저 빌려서 쓰거나 사용하고 그 비용은 나중에 내는 신용을 기반으로 하는 다양한 유형의 거래가 확대되고 있다. 우리의 일상 경제생활이 이러한 신용거래를 바탕으로 이뤄지고 있다는 의미에서 현대는 신용사회라고도 한다. 이러한 변화를 반영하듯 개인의 신용은 현대사회를 살아가는 현대인들에게 신용도 자산이라는 인식을 심어주었고 경제활동의 기본조건으로서 신용을 중요시하게 되었다.

## 신용과 빚은 동전의 양면이다

사람과 사람 사이의 믿음성의 정도를 나타내는 말로 신념, 신의, 믿음, 그리고 신용 등의 다양한 말이 유사한 뜻으로 쓰이고 있다. 주로 사용되는 영역을 구분해보면 종교나 정치적 측면에서는 믿음이나 신념이란 말이, 사람 간에는 신의가, 경제활동 관련해서는 신용이 쓰이는 듯하다.

신용이란 미래 시점에 갚을 것을 약속하고 돈을 빌려 쓰거나 상품, 서비스를 미리 사용할 수 있는 능력을 말하는데, 개인의 경제활동에 대한 일종의 사회적 평가라 할 수 있다. 현재의 본인의 가치를 바탕으로 미래의 예상 가치만큼을 현재가치로 전환하여 추가로 소비할 수 있는 능력이 되는 것이다. 이는 현재 시점에서 볼 때 가처분 소득이 늘어난 것처럼 여겨질 수 있지만, 자기통제력이 없으면 미래 시점에 갚아야 할 빚이 늘어나는 것이므로 만일 신용을 이용한다면 그에 따른 돈의 시간가치에 대한 비용이 수반되는 점을 기억해야 한다. 신용을 제공하는 입장에서는 신용이라고 말하지만 신용을 제공받아서 사용하는 소비자 입장에서는 빚의 개념으로서 신용과 빚은 마치 동전의 양면과 같다.

## 신용거래의 3가지 유형

신용은 가계와 금융기관(법인) 간 약정을 맺는 행위를 통해 거래로써 실현되는 것으로, 그 중 일반 가계의 경제활동에서 중요한 역할로 쓰이는 신용거래는 아래와 같다(출처: NICE지키미).

첫째는 '판매신용'이다. 이는 신용카드로 구매하거나 할부서비스를 이용하는 것과 같이 물건이나 서비스를 외상으로 구매하거나 이용하는 형태의 신용거래를 말한다. 대표적인 예는 휴대폰, 자동차,

온라인 쇼핑 등 상품을 구매하면서 상품을 먼저 받은 후에 대금을 지불하는 방식으로, 구매자와 판매자 간의 신뢰가 기반 된 것이다

둘째, '서비스신용'이다. 일상생활에 포괄적으로 활용되고 있는데 휴대폰, 전기, 수도, 가스, 아파트 관리비처럼 서비스 이용 후 나중에 비용을 지불하는 형태의 신용거래가 이에 해당한다. 주로 필수재인 서비스들이 대상으로 회당 결제금액이 상대적으로 작아 신용거래로써 체감이 낮다.

마지막으로, '대출신용'이다. 은행 등 금융회사에서 주택자금·생활자금·사업자금 등을 대출받거나 신용카드를 이용하여 현금서비스(단기카드대출) 또는 카드론(장기카드대출)을 받는 경우와 같은 신용거래가 이에 속한다. 대출신용이 높으면 대출을 받을 때 높은 한도와 낮은 이자율 등의 혜택을 받을 수 있다.

## █ 신용정보의 수집

신용정보는 신용정보 주체인 개인이 신용거래를 시작하면서 발생된다. 신용거래의 형태, 부채 수준, 거래 기간, 상환 이력 등 신용거래 사용에 따른 정보 등이 신용정보 집중기관(한국신용정보원)에 모이게 된다. 신용평가회사(Credit Bureau)는 획득한 정보를 판단하여 개인에 대한 신용평가(신용보고서 및 신용평점)를 하고, 신용정보이용회사는 신용평가회사로부터 제공받은 신용보고서 및 신용평점을 이용하여 거래 여부 등을 최종 판단한다.

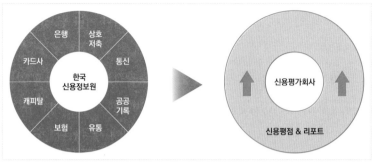

<신용정보의 수집과 평가 과정>

※ 개인의 신용거래 사용에 따른 정보와 공공정보는 일차적으로 신용정보 집중기관(한국신용
정보원)에 모인다. 신용평가회사(KCB, NICE)는 신용정보 집중기관 등으로부터 제공받은 신
용정보를 이용하여 개인에 대한 신용평가(신용평점 & 보고서)를 하고, 신용성보이용회사는
개인별 신용평가를 참고하여 개인과의 거래여부를 판단한다.

## 신용정보의 종류

신용정보는 한 개인의 신용과 관련된 거래의 기록과 그 결과물
로서 요약하면 개인의 신용거래의 역사라고 할 수 있다. 상거래에
서 거래상대방의 식별, 신용도, 신용 거래능력 등을 판단할 때 참고
로 하는 정보는 다음과 같다.

1) 식별 정보 : **특정 신용정보 주체를 식별할 수 있는 정보** (예: 성
   명, 휴대전화 번호, 주소, 주민등록번호, 성별, 국적 등)

2) 신용거래 정보 : **신용정보 주체의 거래내용을 판단할 수 있는
   정보** (예: 대출, 보증, 담보제공, (가계)당좌거래, 신용카드, 할부금융, 시설대여
   와 금융거래 등 상거래와 관련한 그 거래의 종류, 기간, 금액 및 한도 등)

3) 신용도 판단 정보 : **신용정보 주체의 신용도를 판단할 수 있는
   정보** (예: 금융거래 등 상거래와 관련하여 발생한 연체, 부도, 대위변제, 대

지급과 거짓 등의 부정한 방법에 의한 금융신용 질서 문란행위와 관련된 정보)

4) 신용 능력 정보 : 신용정보 주체의 신용거래 능력을 판단할 수 있는 정보 (예: 직업, 소득 및 재산, 소득세 및 재산세 납부 실적 등)

5) 공공정보 : 정부에서 운영되는 기관이 직무와 관련하여 관리하는 정보 (예: 법원의 재판 결과 관련 정보, 신용회복지원 정보, 국세·지방세·과태료 등의 체납 정보)

## 신용등급제에서 신용점수제로

개인에 대한 신용평가가 그동안 신용등급이라 불리던 신용등급제에서 2021년 1월 1일부터 신용점수만 산정하는 신용점수제로 전면 전환되었다. 등급이 아닌 1~1,000점까지인 점수 평가제로 개인의 신용을 평가한다. 그동안 카드발급이나 대출의 경우 신용등급제에서 신용등급(1~10등급)에 따라서 등급 간 점수의 차이가 크지 않더라도 예를 들어, 신용등급 구간 내 상위에 있는 경우(예: 7등급 상위)는 상위 등급(예: 6등급 하위)과 신용도가 유사함에도 등급이 다르다는 이유에서 대출 심사 시 획일적으로 대출이 거절되는 등의 불이익이 발생하는 평가기준을 개선하기 위해서 신용점수제(1~1,000점)로 전환된 것이다. 국민이면 누구나 신용평가회사가 제공하는 서비스를 이용, 자신의 신용도를 손쉽게 관리할 수 있다.

## 현명한 신용카드 사용법

현금 대신에 신용카드로 필요한 물건이나 서비스를 구입하고 나중에 원하는 지불 방법에 따라 카드대금을 결제할 수 있는 편리한 지불수단으로서 다양한 종류의 신용카드와 체크카드가 사용되고 있다. 신용카드는 현재 없는 돈을 미리 당겨서 사용하여 현재의 구매력을 증가시킴으로써 만족을 높이는 효과가 있다. 때에 따라서는 신용카드를 활용하여 현재와 미래의 소득과 소비지출 간의 조절을 원활하게 하는 재무관리에 융통성을 제공하기도 하면서, 올바른 사용실적에 따라 개인의 신용도를 높이기도 한다.

신용카드는 이처럼 사용하기 편리한 장점이 있지만, 반대로 유념해야 할 단점도 있다. 가장 큰 단점으로는 현재의 신용으로 미래의 가치를 당겨서 사용하는 것이므로 장차 미래의 구매력이 축소되는 점을 꼽을 수 있다. 그리고 세상에 공짜가 없듯이, 사용에 따른 이자나 수수료 등의 비용 지불이 뒤따른다는 점을 분명히 이해할 필요가 있다. 또한 때에 따라서는 당장의 만족을 위한 과소비나 충동구매 등의 가능성을 높이고, 무분별하고 계획성 없는 신용 사용이 가계의 재무건전성을 위협하거나 더 나아가 재정 파산을 불러와 일상의 경제활동에 제한을 초래할 수 있는 점 등이 상존한다는 것을 알아야 한다.

드라젠 프랄렉(Drazen Prelec)과 던컨 시미스터(Duncan Simister)의 연구결과, 사람들은 보스턴 셀틱스 농구 경기 입장권 경매에서 현금으로 지불할 때보다 신용카드로 지불할 수 있을 때 기꺼이 2배의 금액을 지불한다는 사실이 드러났다(리처드 탈러·캐스 선스타인, 안진환 옮김, 《넛지》, 리더스북. 2009.227쪽). 이렇듯 신용카드는 현재 없는 돈을 있다고 착각하고 더 많이 사용하게 만드는 부작용이 있다. 신용카드로 사용한 금액은 어디까지나 결제 전까지는 갚아야 할 빚이며, 만약 연체를 하게 될 경우 한 달 만에라도 그 즉시 빚이 늘어난다는 점을 명심해야 한다. 따라서 본인이 소비 통제에 어려움이 있다고 느낀다면 신용카드보다는 현재 갖고 있는 예금 잔액에서 즉시 차감되는 결제방식의 체크카드(직불카드)를 활용한 현명한 지출관리에 도전해볼 것을 권한다. 끝으로 체크카드는 연말정산에서 신용카드보다 소득공제 혜택이 높다는 장점도 있다.

금융회사로부터 신용카드 발급을 거절당했다고 가정해보자. 그럴 이유가 없다고 생각한다면 신용정보회사 등에게 본인임을 확인받아 그들이 가지고 있는 본인에 대한 신용정보의 교부 또는 열람을 청구할 수 있다. 열람 후 본인 신용정보가 다른 경우 정정대상 정보와 정정청구 사유를 기재한 서면 또는 신용정보회사 등의 홈페이지를 통해 정정을 청구할 수 있다.

신용정보회사 등은 정정 청구에 정당한 사유가 있다고 인정되면 지체 없이 해당 신용정보의 제공이용을 중단한 후 사실 인지를 조사하여 사실과 다르거나 확인할 수 없는 신용정보는 삭제하거나 정정해야 한다. 신용정보회사 등은 처리결과를 7일 이내에 해당 신용정보 주체에게 알려야 하며, 해당 신용정보 주체는 처리결과에 이의가 있으면 금융위원회에 그 시정을 요청할 수 있다.

## [Tip] 2. 전국민 신용교육 및 무료 신용조회서비스

　금융감독원의 금융소비자 정보포털 파인(http://fine.fss.or.kr)을 통해 신용평가회사(올크래딧 KCB, NICE평가정보)에서 제공하는 신용교육 프로그램을 로그인 하지 않고 활용할 수 있다.

　전 국민은 누구나 1년에 3회, 4개월에 1회씩 무료로 올크래딧 KCB(www.allcredit.co.kr)이나 나이스지키미NICE(www.credit.co.kr) 홈페이지에 접속해서 신용정보를 조회할 수 있다. 이외 카카오뱅크, 토스, 뱅크샐러드 등 다양한 앱에서 간편조회가 가능하다.

# 신용관리를
# 해야 하는 이유

## 신용이 곧 재테크다

우리는 보통 개인의 신용을 말할 때 '신용이 좋다' 또는 '신용이 나쁘다'라고 평가하는데, 현대 사회에서의 신용은 하나의 자산 도구로서 생활의 유용한 수단으로 활용될 수 있다. 개인이 우량한 신용을 유지할 경우 대출금리 인하나 대출한도 확대 등 우대를 받을 수 있지만, 반대로 신용을 잃게 되는 경우에는 심한 경우 대출이나 신용카드 발급 등을 거절당할 수 있다. 이처럼 신용의 사용에는 장·단점이 있기 때문에 신용을 잃지 않기 위한 신용관리가 항상 필요한 것이다.

신용은 올바른 신용거래실적이 쌓여서 평가되는 것이므로 꾸준한 관리가 중요하다. 신용 사용에 따르는 수익과 비용을 분명하게 비교·평가할 수 있어야 하며, 특히 신용에 악영향을 미칠 수 있는 소비 활동은 지출계획에 따라서 이루어지도록 유의해야 한다. 재테크에는 돈을 불리는 방법도 있지만 한편으론 새어나가는 돈을 막는 방법도 있다고 생각한다. 신용이 우리의 자산이라면, 평소 신용관리로 신용이 좋아지고 필요한 대출에서 대출 금리에 혜택을 받아 이자를 아낄 수 있다면 이 또한 재테크에 성공한 것이라고 할 수 있다.

## ▎ 오해하기 쉬운 신용상식

우리는 금융생활에 기초가 되는 신용에 대해 얼마나 제대로 알고 있을까? 자신의 신용에 대한 상식 수준을 점검해보는 시간을 가져보자.

| | 문항 | 해당하는 칸에 체크 ||
|---|---|---|---|
| | | 예 | 아니오 |
| 1 | 신용정보조회를 조회하면 신용점수가 내려간다. | | |
| 2 | 공과금, 세금, 통신요금은 금융채무가 아니므로 신용도와 상관없다 | | |
| 3 | 개인 간 채무관계로 법원에서 패소하더라도 신용도에는 영향이 없다. | | |
| 4 | 연체금을 갚으면 신용도가 이전으로 회복된다. | | |
| 5 | 금융회사 앞으로 보증을 서준 것은 내가 대출받은 게 아니므로 신용점수에는 영향이 없다. | | |
| 6 | 대출을 아예 안 받으면 신용점수가 좋아진다. | | |
| 7 | 금융회사나 금융회사 소속 대출모집인은 내 동의가 없어도 내 신용정보를 알 수 있다. | | |
| 8 | 개인회생·파산·신용회복을 받아 무사히 마쳤으면 신용이 회복되어 바로 대출받을 수 있다. | | |
| 9 | 소득이 높으면 신용점수가 올라간다. | | |
| 10 | A 은행에서 대출을 받았지만 B 은행, C 캐피탈에서는 모를 것이다. | | |

〈※ 출처: 금융감독원, '서민금융 1332(fss.or.kr)'〉

정답은 모두 '아니오'이다. 정답 풀이는 아래와 같다.


1) 신용정보조회는 신용점수에 반영되지 않는다.

2) 공과금, 세금, 통신요금 등의 연체정보는 신용점수에 영향을 미친다.

3) 확정판결로 법원의 채무불이행자 명부에 등록되면 신용정보에도 기록된다.

4) 과거 연체기록은 일정기간 보존되므로 신용도가 바로 회복되지는 않는다.

5) 보증도 대출이므로 신용점수에 반영된다.

6) 대출상환 이력, 체크·신용카드 사용실적 등 어느 정도의 신용거래가 있어야 신용점수가 올라간다.

7) 본인이 정보제공 동의를 하지 않는 이상 내 신용정보를 남이 볼 수 없다.

8) 금융회사는 신용정보회사의 신용점수 외에도 고객정보와 자체 등급을 관리하고 있으므로 대출이 안 되는 경우가 있다.

9) 신용점수는 대출 등 채무상환에 관련된 정보 위주로 반영되므로 소득이 높다고 신용도가 올라가지는 않는다.

10) 신용정보 조회 시 모든 금융권 신용거래정보를 알 수 있다.

## 신용점수 올리기

개인신용점수는 신용평가회사 및 금융회사가 금융소비자가 향후 1년 내 90일 이상 연체 등을 할 가능성을 수치화한 지표로 신용거래 여부 및 금리 등 신용거래 조건을 결정하는 데 주요 기준으로 활용되는 중요한 것이다. 이런 신용점수는 연체나 부도, 신규 대출금 증가 등 평가요인에 따라 변동되는데 대개의 경우 금융 소비자 본인의 신용점수 관리방법에 대한 정보 부족 및 관리 소홀에 기인하여 기회를 놓치는 경우가 많다.

신용정보협회 홈페이지에 따르면, 신용점수를 올리기 위해서는 연체하지 않고 성실하게 상환한 대출금 상환 이력과 오랫동안 사용하면서 결제에 연체 없는 신용카드(체크카드 포함)의 사용 등이 긍정적으로 작용하는 것으로 나타났다. 그리고 통신·공공요금(국민연금·건강보험료·도시가스·수도요금 등) 등을 6개월 이상 성실하게 납부한 실적을 신용평가사에 제출하는 것도 유용한 것으로 나타났다.

이와 반대로 연체 기간이 오래된 대출금 연체는 신용평가에 가장 치명적인 요소로 작용하며, 신규 대출 건수가 증가하거나 제2금융권 대출을 받거나 과도한 현금서비스 이용이 있는 경우에는 빚의 증가로 보아 신용평가에 부정적으로 작용하는 것으로 나타났다.

1. 인터넷, 전화 등을 통한 대출은 신중하게 결정한다.

2. 건전한 신용거래 이력을 꾸준히 쌓아간다.

3. 갚을 능력을 고려하여 적정한 채무규모를 설정한다.

4. 주거래 금융회사를 정하여 이용한다.

5. 타인을 위한 대출보증은 가급적 피한다.

6. 주기적인 결제대금은 자동이체를 이용한다.

7. 연락처가 변경되면 반드시 금융회사에 통보한다.

8. 연체는 소액이라도 절대로 하지 않는다.

9. 연체 상환 시에는 오래된 것부터 상환한다.

10. 본인의 신용정보 현황을 자주 확인한다.

(출처: 금융감독원, '서민금융 1332')

174

대출을 받은 다음 신용상태나 상환능력이 대출 당시보다 크게 개선되는 경우 금융회사에 대출금리(이자) 인하를 요구할 수 있는 제도로 금융소비자의 법적인 권리로 명시되어 있다. 금리인하요구권은 시중은행을 비롯하여 저축은행·카드사·보험사 등 제2금융권에서도 신청할 수 있으며 신용담보대출은 물론 개인·기업대출 모두 적용된다. 다만 햇살론 등 정책자금 대출과 예·적금 담보대출, 보험계약대출 등 미리 정해진 기준에 따라 취급된 상품은 대상에서 제외된다.

금리인하요구권 신청조건에는 소득 증가, 재산 증가 등 개인의 재무상태가 개선된 것으로 판단되는 경우, 신용평가회사의 개인신용평점이 상승한 경우, 기타 신용상태 개선으로 판단되는 사항 등이 해당된다. 조건이 충족되었다면 신용상태가 개선되었음을 입증할 수 있는 별도의 증빙서류를 준비하여 영업점 방문 또는 은행 홈페이지, 모바일 앱 등을 통해 신청할 수 있다.

# 현명한
# 부채관리

우리나라 가구는 금융회사에서 대출받은 대출금, 일반사채, 카드 빚, 전세(임대) 보증금(받은 돈), 외상 등의 형태로 부채를 갖고 있는 것으로 나타났다(출처, 한국보건사회연구원 2022년). 가구의 용도별 부채 금액은 총부채 대비 주택 관련자금(보증금 포함)이 52.8%, 기타가 30.24%, 생활비(생계비) 마련이 14.56%, 교육비(학자금 마련 포함), 빚 갚음, 의료비 등의 순으로 높게 나타났다.

## 부채는 '부채'다

부채는 '질 부(負)'와 '빚 채(債)'로 사전적 의미는 '남에게 갚아야 할 빚'을 말한다. 다르게 표현하면 채무, 대출, 신용, 할부, 융자 등으로 말할 수 있다. 부채와 신용은 동전의 양면과 같이 밀접한 관련이 있는데, 일반적으로 소득 대비 부채가 많으면 갚을 능력에 대한 신용도가 낮아지게 된다. 돈을 빌려준 사람은 채권자이고 돈을 갚아야 하는 사람을 채무자라고 하며, 이때 채권자와 채무자 사이의 약속이 담긴 증서를 채권이라고 한다.

현대를 살아가는 우리들의 삶에서 빚은 일정 부분 피할 수 없는 일이 되었다. 예를 들어 수도·전기·가스 등의 공공요금, 휴대폰 요금, 정수기 임대료 등 대부분의 지출은 먼저 사용하고 나중에 결제하는 형식으로 사회적 합의가 되어있지만, 엄격하게 보면 모두 갚아야 할 빚들이다. 자본주의 사회에서는 부채를 잘 활용하는 능력도 중요하다고 말하는 경우도 있으나 주의가 필요한 영역이다. 왜냐하면 부채가 우리의 재무목표를 달성하는 데 긍정적인 역할을 할 수도 있지만 많은 경우 반대로 우리의 삶을 더 힘들게 만드는 경우가 있기 때문이다. 우리 스스로가 부채를 통제할 수 있는가에 따라서 부채는 나에게 돈이 될 수도 있고, 독이 될 수도 있다는 것이다.

## 돈이 되는 부채, 독이 되는 부채 구별법

사람들이 부채를 일으키는 이유는 다양하다. 집에 목돈 쓸 일을 대비해서 저축을 생활화하여 돈을 모았지만 지출 관리에 실패하여 저축으로 모은 돈으로는 부족하거나, 예상치 못한 일이 생겨 지출 계획에 없던 일이 얼마든지 생길 수 있다. 이 경우에는 돈이 꼭 필요한데 부족하니 빌려서 쓰게 되고 나중에 갚아야 할 수밖에 없다. 학업을 위한 학자금 대출이나 내 집 마련을 위한 장기주택담보대출 등도 활용하지 않는 것보다는 자기 형편에 맞게 활용하는 것이 장기적으로는 현명한 선택이 될 수도 있다.

기업의 경우는 자기자본 외 타인의 자본, 즉 돈을 빌리지 않는 경우는 거의 없는데, 돈을 빌려 투자함으로써 은행이자보다 높은 수익을 거둘 수 있는 경우가 많기 때문이다. 그러나 개인의 경우는 투자에 대한 역량이 부족하거나 투자에 부정적 효과가 생겼을 경우 한정된 소득 위주의 가계경제에서는 대처능력이 제한적이기 때문에 돈이 되는 채무가 아니라 오히려 독이 되는 채무로 되돌아올 수 있으므로 대출을 활용한 투자는 매우 신중해야 한다.

'돈이 되는 부채'와 '독이 되는 부채'는 이렇게 나누어볼 수 있다. 먼저 돈이 되는 부채는 돈을 빌려서 그로 인해 지불되는 이자 등 비용을 내고서라도 유익한 점이 발생하여 내 삶에 도움을 줄 수 있는 경우이다. 바로 학업과 내 집 마련을 위한 대출, 투자 성공 등이 이에 해당할 수 있다. 반대로 여행 등 소비를 위한 대출, 집 장만을 위한 무리한 대출, 다른 부채를 갚기 위한 대출, 투자 실패 등은 나에게 독이 되는 부채라고 할 수 있다. 대출을 갚기 위해 나가는 이자 등의 비용은 기존에 부채 상환을 위해 지출하던 것에 추가 대출로 인한 비용으로 고정지출이 늘어나게 될 것이고 부채는 우리 집 자산 대비 부채만 늘려서 순자산을 갉아 먹는 결과로 삶을 더욱 어렵게 만들 수 있다. 한마디로 돈을 빌리기 전에는 부채를 갚을 수 있는지 자신의 상환능력을 판단하여 추가 부채 발생을 최대한 예방하는 것이 부채관리의 지름길이다.

## ▮ 대출하기 전에 물어봐야 할 질문 2가지
금융회사나 누군가에게 돈을 빌리기 전에 다음의 두 가지 질문을 해보기를 제안한다. 돈을 빌려야 하는 진짜 이유는 무엇인지? 빌린 돈을 갚기 위해서 앞으로 포기해야 하는 것을 정말 포기할 수 있는지? 가장 중요한 것은 '필요'에 의한 대출인지 '욕구'에 따른 대출인지를 스스로에게 먼저 물어봐야 한다는 점이다. 대출을 받아서까지 반드시 내게 필요한 것인지를 다시 한번 생각하고 자문해본다면, 돈을 빌리는 기준점을 정할 수 있을 것이다.

추가로 생긴 빚을 갚는다는 것은, 지출 계획에 없던 빚을 상환할 수 있을 만큼 소득이 추가로 생기면 다행이지만 그렇지 못하다면 대신하여 기존의 한정된 자원 내에서 하고자 했던 무엇인가를 포기해야 할 수도 있다는 말이 된다. 그토록 기대하던 가족여행 등 계획했던 다른 일을 포기할 수 있는지, 나에게는 어떤 것이 더 의미가 있고 중요한지를 생각하고 그 선택에 따른 결과를 받아들여야 할 것이다.

## ▌부채 상환은 이렇게!

빚이 과도한 상태라면 현재의 상황을 보기 위해 자산부채상태표와 현금흐름표를 만들어봐야 한다. 자산과 부채를 일목요연하게 정리하고, 수입과 지출 내역을 점검한 후 부채관리의 기본방향을 정한다. 우선적으로 소비성 지출을 최대한 줄이고, 추가적인 소득을 늘리기 위한 노력을 기울인다. 현금화할 수 있는 자산은 팔아서 빚을 갚고 빚을 갚을 때도 부채 목록을 만들어 갚는 순서에 따라 갚으며 매월 부채목록을 정리하는 주기적인 점검이 필요하다. 추가적인 소득을 늘리는 것이 쉽지 않다면 재무목표 달성을 위해 지금까지 진행해오던 자산운영 포트폴리오를 조정해야 할 수도 있다. 부채 상환의 시급성 등에 따라 저축에서 부채상환으로의 자원 용도 전환이 이루어져야 하는 것이다. 재무목표 전체에 대한 세밀한 점검 후 그에 따라 운영하던 포트폴리오의 비중 조절이 뒤따를 수밖에 없다.

합리적인 상환 계획을 위해서는 먼저 각 대출의 상환방식 구조를 이해해야 한다. 원리금 균등분할상환이나 원금 균등분할 상환방식이 만기일시 상환방식보다는 매월 원금과 이자를 함께 상환하는 것으로 대출원금상환에 강제성을 부여하기 때문에 더 좋다고 할 수 있다. 대출상환방식과 대출금리 종류는 아래와 같다.

<대출상환방식>
- 원리금 균등상환 방식 : 대출금과 이자를 원리금 균등분할 상환하는 방식. 매월 상환금액이 일정하며, 상환기간 중 남은 원금이 줄어들면 이자 부분이 감소하고 원금 상환 부분이 증가함
- 원금 균등상환 방식 : 대출금을 상환할 때 매월 일정한 원금을 상환하고, 이에 대한 이자를 매월 상환하는 방식. 매월 상환금액은 일정하지 않으며, 대출금 상환 기간 중 원금이 줄어들면 이자 부분도 줄어든다.
- 만기 일시상환 방식 : 대출 기간이 끝날 때까지 원금 상환 없이 이자만을 매월 상환하고, 대출 만기일에 원금 전액을 상환하는 방식
- 거치 후 분할상환 방식 : 일정 기간 동안 원금을 상환하지 않고, 이자만을 매월 상환한 후, 이후 일정 기간 동안 원리금을 균등분할 상환하는 방식

<대출금리>

- 고정금리 : 대출금리가 계약 시점부터 상환 완료 시점까지 일정.
- 변동금리 : 대출금리가 시장금리 등 외부 환경 요인에 따라 변동.
- 혼합형 금리 : 대출금리 중 일부는 고정금리로 책정되고, 일부는 변동금리로 책정되는 방식.

다음으로는 대출의 수를 줄이는 것도 대출 관리에 용이하다. 신용대출, 부동산담보대출, 카드대출 등 필요에 따라 다양한 대출을 받은 경우, 사용 대출의 수가 많아 상환일을 놓치는 경우도 발생할 수 있으며 신용에도 부정적으로 작용할 수 있다. 대출금리가 높은 것, 소액, 남은 상환 기간이 짧은 것 등을 고려하여 대출의 수를 줄인다. 만일 연체 중인 부채가 있다면 연체가 오랜 된 것부터 갚아나가는 것이 좋다. 참고로 부채 상환 시 중도상환 수수료, 인지세 등의 추가비용이 발생할 수 있으니 미리 알아보고 합리적인 의사결정을 하도록 한다.

<대출의 종류>

- 신용대출 : 담보물이 필요하지 않은 대출방식. 신용도 평가를 통해 대출 한도, 이자율 등이 결정되며 주로 개인적인 용도로 대출금액이 비교적 적은 형태로 이루어진다
- 부동산담보대출 : 부동산을 담보로 이루어지는 대출방식. 담보물의 가치에 따라 대출금액이 결정된다.

- 카드대출 : 신용카드를 이용, 비교적 짧은 기간 동안 현금을 빌리는 대출방식. 카드사별 신용도 평가에 따라 대출한도, 이자율 등이 결정된다.

## [Tip] 1. 빚 갚는 순서

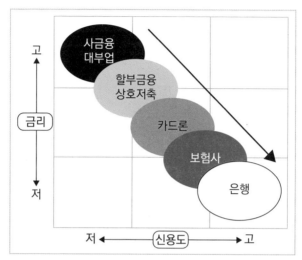

〈※ 출처: 신용관리 길라잡이 (신용회복위원회)〉

### 개인채무조정제도

통계청 자료에 따르면 우리나라의 가계부채는 가구처분가능소
득 대비 2010년 152%에서 2021년 206.5%로 꾸준히 늘어나고 있
는데 주요국에 비해 우리나라 가계부채는 매우 높은 수준이며 증가
속도도 매우 빠른 편으로 나타났다. 경제 규모가 커지는 것과 더불
어 부채가 증가하는 것은 자연스러운 현상이라 할 수 있으나 과도한
부채 수준과 빠른 증가 속도는 경제 전반적으로 안정성을 저해하는
요인으로 작동할 수도 있다.

　누구나 경제적 위기의 순간을 겪을 수 있다. 현재의 소득 수준으

로 부채를 상환하는 것이 어렵다고 느껴질 때는 우선 현재 상황에 대한 정확한 검토를 해야 한다. 부채가 많더라도 가능하면 스스로 해결하는 것이 바람직하겠으나 부채가 감당할 수 없는 수준에 이르러 정상적인 상환이 어렵다면 신용회복위원회나 법원에서 운영하는 채무조정제도의 도움을 받을 수 있다. 채무조정제도는 빚이 너무 많아 정상적으로 상환하기 어려운 사람들을 대상으로 상환기간 연장, 분할상환, 이자율 조정, 상환유예, 채무감면 등의 방법으로 상환조건을 변경하여 채무자의 재정상황을 개선, 경제적으로 재기할 수 있도록 지원하고, 채권자의 채권회수 가능성을 높이기 위한 제도이다. 채무조정제도에 대한 자세한 사항은 신용회복위원회, 법원, 국민행복기금 등 각 기관의 홈페이지를 통해 확인할 수 있다.

채무조정제도는 사적 채무조정과 공적 채무조정으로 나뉜다. 각각 조정 가능한 채무에서 차이가 있는데 사적 채무조정은 협약이 체결된 금융기관의 대출만을 대상으로 신용회복위원회에서 진행하는 연체 전 채무조정(신속채무조정), 이자율 채무조정(프리워크아웃), 채무조정(개인워크아웃)이 있다. 반면에 공적 채무조정은 사채, 세금, 건강보험료 등 모든 채무를 대상으로 법원에서 운영 중인 개인회생, 파산면책이 해당된다. 참고로 파산면책의 경우 세금, 건강보험료 등에 대해서는 면책이 불가능하며, 만약 불법사금융으로 어려움을 겪는 경우에는 사적 채무조정제도는 활용할 수 없다.

〈※ 출처 신용회복위원회 홈페이지〉

# 5장

# 위험관리와
# 보험

# [점검하기]
# 위험관리 체크리스트

개인이 직면할 수 있는 위험은 건강, 소득, 재산, 사회적 관계 등 여러 근원에서 언제 어떠한 형태로 닥칠지 예상하기 힘들다. 과학기술의 전진으로 위험은 감소할 수 있으나 한편으로 우리가 예상할 수 없는 새로운 위험은 끊임없이 발생할 것으로 예상된다. 따라서 위험 중 가계의 재무적 손실이나 부담을 발생시킬 수 있는 재무적 위험에 대한 대비책이 특히 필수라고 할 수 있는데, 발생할 수 있는 위험들을 사전에 점검하는 것으로부터 시작해보자.

우리 집 가족구성원 각자의 삶에서 발생할 수 있는 위험을 살펴보자. 먼저 각 구성원별로 예측되는 위험 요인의 예를 적어보자. 각 위험의 요인으로부터 어떤 재무적 손실이 발생할 수 있을지 그리고 어떤 방법으로 위험관리를 하는 것이 좋을지 각 위험별 위험관리전략을 적어보자.

| 대상자 | 위험의 요인 | 예상되는 손실내용 | 위험관리전략 | |
|---|---|---|---|---|
| | | | 비금융적방법 | 금융적방법 |
| 예) 가장 | 자동차 | 소득상실<br>자산가치 감소<br>수리/대체비용<br>배상책임비용<br>소송/법률비용 | 안전운전하기<br>운전 안하기 | 자동차보험 가입<br>저축 및 투자 |
| | | | | |
| | | | | |
| | | | | |
| | | | | |

위험관리방법으로 보험을 선택한 경우, 현재의 준비상황과 보완할 사항/기타사항을 적어보자.

| 대상자 | 위험의 요인 | 현재 준비된 위험관리방법 | 보완할 사항/기타 |
|---|---|---|---|
| 예)가장 | 자동차 | 자동차보험 의무가입<br>• 대인배상I<br>• 대물배상 2천만원 | 1) 자동차보험 보완<br>　• 대인배상II<br>　• 대물배상 한도 증액<br>　• 자기차량손해 추가<br>　• 자기신체사고 추가<br>2) 운전자보험 가입<br>　• 벌금, 변호사선임비용<br>　• 교통사고처리지원금 등 |
| | | | |
| | | | |
| | | | |
| | | | |

# 위험이란
# 무엇인가

## 예측 불가능한 것이 위험이다

현대로 오면서 과거에 비해 우리의 삶은 더 풍요롭고 편리해진 것에 반해 걱정거리나 위험도 더 늘어나고 있다. 미래의 불확실성으로 인해 발생할 수 있는 것은 그것이 발생하기 전까지 알 수 없다. 미래에 발생할 수 있는 일에는 무엇이 있을까?

어떤 사건이 발생할지 불확실하고, 그로 인한 결과가 우리의 삶에 바람직하지 않은 영향을 미칠 때 이를 '위험'이라고 말한다. 예를 들어 교통사고, 질병 등은 언제 발생할지 예측 불가하며 사고 시 재무적·비재무적 손실을 초래할 수 있다. 한편 이미 발생했거나, 혹은 발생할 가능성이 없거나, 인적·물적 손실과 같이 부정적인 결과가 발생하지 않는 경우는 위험이라고 하지 않는다. 이에 비해 투자에서 말하는 위험은 미래 수익의 불확실성을 의미한다. 이 불확실성의 결과가 수익과 손실이다.

## 생활 속 위험

우리는 자동차 사고, 비행기 추락, 산불 등 생활 주변에서 크고 작은 사고를 흔히 볼 수 있다. 이렇듯 위험의 종류는 많고도 다양하다. 다만 사람들은 언제, 어디서, 어떤 일이 일어날지 모른 채 그러한 위험들과 함께 살고 있다. 물론 과학이나 기술의 발전으로 일상생활에서 발생할 수 있는 위험이 감소할 수도 있으나 알 수 없는 미지의 위험 또한 끊임없이 발생하고 있다는 것도 사실이다.

장수 위험과 같은 체계적 위험에는 어느 정도 대비가 가능하다고 할 수 있으나 코로나바이러스(COVID-19)와 같은 우발적이며 새로운 위험의 발생은 계속되고 있는데 이러한 예상치 못한 위험에는 대비하는 것이 쉽지 않다. 위험은 현재의 삶에 경제적 손실 또는 부담을 초래하기 때문에 안정적인 현재의 삶을 유지하기 위해 위험에 대한 대책이 필요한 것이다.

일상의 활동 속에서 예기치 않게 부딪힐 수 있는 위험에는 어떤 것들이 있을까? 사망, 장수, 질병, 상해, 관계, 직업 등 사람에게 발생하는 위험과 도난, 화재, 자동차사고 등 재산에 발생하는 위험 등으로 나누어본다면 우리는 항상 언제 발생할지 모르는 위험에 노출되어 있다는 것을 새삼 느끼게 된다.

## 위험은 왜 관리해야 하는가

대부분의 위험은 우리 가정에 경제적 어려움을 초래할 수 있다. 이러한 위험을 모두 피해 갈 수는 없다. 위험과 그에 따른 재무적 손실이 있을 수 있다는 것에 대한 걱정과 근심을 줄이고 가능하면 경제적인 방법으로 예상하지 못한 손실이 가져올 수 있는 부정적인 영향을 최소화하기 위해 하는 사전적인 준비 활동을 위험 관리라고 하는데, 위험의 가능성을 예상하고 위험을 줄이는 방안을 모색하는 것이라고 요약할 수 있다.

만약 사전에 위험에 대한 준비가 없어서 실제 위험이 발생했다면 과연 무슨 일이 벌어질까? 실제 위험의 발생으로 인한 손실을 충당하고 복구하기 위해서는 어쩌면 그동안 가계가 계획하고 실행 중이던 재무적·비재무적 목표달성에 심각한 문제가 생길 수 있다. 또한 가족의 삶의 질이 떨어지는 것은 물론이고 최악의 경우에는 가정경제가 파탄 날 수도 있다. 이런 상황에 처하지 않기 위해 사전에 적절한 위험관리가 필요한 것이다. 위험으로 인해 손실이 발생하더라도 손실을 어느 정도 메울 수 있고, 일정 시간이 경과되면 손실 발생 전의 생활수준으로 돌아가 가족의 삶과 생활이 안정적으로 유지될 수 있으며, 계획했던 재무목표를 달성할 수 있는, 위험관리는 우리 집 인적·물적 자원 및 자산 관리에 있어서 한마디로 안전판이라고 할 수 있다.

## 가계 위험의 종류

일상에 예기치 못한 위험은 항상 존재할 수 있는데 위험을 보는 관점에 따라 다양한 유형으로 구분할 수 있다. 먼저 인지 방법에 따라 구분하면, 통계적인 방법에 의해 객관적으로 측정이 가능한 '객관적인 위험'과 측정하기 곤란하고 특정 개인의 특성에 따라 평가가 다를 수 있는 '주관적 위험'으로 나눌 수 있다. 위험이 발생하는 대상

에 따라 구분하면, 인적 위험, 재산 위험, 그리고 타인에게 입힌 인
적·재산상의 피해에 대한 배상책임 위험으로 분류할 수 있다. 한편
가계에 미치는 손실의 심각성, 즉 재무적 영향도에 따라서는 치명적
위험, 중요한 위험, 그리고 일반적 위험으로 나눌 수 있다.

<손실의 심각성에 따른 위험의 구분>

| 손실의 심각성에 따른 구분 | 위험 발생 대상에 따른 구분 | 사고 예시 |
|---|---|---|
| 치명적 위험 (필수) | 인적 위험 | • 장기생존<br>• 질병과 상해<br>• 조기 사망 |
| | 재산위험 | • 주택 |
| | 배상책임위험 | • 재산 소유(부동산, 동산)<br>• 직업/사업<br>• 일상 활동 |
| 중요한 위험 (중요) | 인적 위험 | • 실업 |
| | 재산위험 | • 주택을 제외한 부동산 및 동산의 직접손실 |
| 일반적 위험 (선택) | 재산위험 | • 소유재산의 간접손실 |

〈출처: 위험관리와 보험설계, 한국FPSB〉

• 인적위험 : 사람의 신체나 생명에 손실을 미칠 수 있음 (예: 사망,
   질병 등)

• 재산위험 : 재산의 경제적 가치에 손실을 미칠 수 있음 (예: 화재,
   도난 등)

   - 직접손실 : 사고의 직접적인 결과로 인한 손실 (예: 화재로 인한 주
      택의 소실 등)

   - 간접손실 : 직접손실에 부수되는 손실 (예: 화재로 다른 곳으로 이사

하는 비용 등)

- 배상책임위험 : 고의 또는 과실로 타인의 신체나 재산에 손해를 입히는 경우, 그에 대한 배상을 해야 함 (예: 교통사고, 의사의 오진, 제조·시설물의 하자 등)
- 치명적 위험 : 개인을 파산으로 이끌 수 있는 잠재적 손실을 내포하고 있으므로 위험관리는 필수임
- 중요한 위험 : 개인의 파산까지는 아니지만 개인이 손실을 회복하기 위해서는 외부로부터 자금을 차입해야 할 수 있으므로 위험관리가 중요함
- 일반적 위험 : 현재의 수입이나 자산으로 손실에 대처할 수 있으므로 위험관리는 개인의 선택임

## 위험의 관리 절차 및 관리 방법의 선택

유비무환(有備無患)의 사전적 뜻은 미리 대비하면 걱정할 일이 없다는 것이다. 넓은 의미로 쓸데없는 걱정은 하지 않는 것이 좋지만 쓸데있는 걱정은 반드시 해야 한다는 것으로 풀어보면 어떨까 싶다. 빠르게 변화하는 환경 속에서 안정적인 생활을 유지하기 위해서는 위험 요인에 대한 객관적인 판단 아래 적절한 대응이 필요하다고 생각한다.

위험을 효율적으로 관리하기 위해서는 다음 세 가지를 세심히 살펴야 한다.

첫째, 나와 가족을 중심으로 어떤 위험이 있을 수 있는지 살펴본다.

둘째, 위험에 따른 손실의 발생 빈도 및 손실의 규모를 분석하고 평가하여 그 경제적 손실을 예측해본다.

셋째, 각 개별 위험에 대처하기 위해 어떤 관리 방법을 선택할 것인지 합리적으로 결정해야 한다.

우리의 삶에 나타날 수 있는 위험에 대한 대처는 손실의 발생 빈도와 손실의 규모에 따라 적절한 방법을 선택할 수 있다. 이러한 방법을 대표적으로 4가지로 분류할 수 있다.

- 위험 보유 : 위험이 발생할 확률이 적으면서 해당 위험의 발생으로 인한 재무적 손실 또한 미비할 것으로 예상될 때, 위험이 있을 수 있다는 점을 인식하면서 위험에 따른 손실 복구는 스스로 해결하겠다고 하는 것이다. (예를 들어, 볼펜이나 우산을 잃어버리는 것, 은퇴 후 자신의 생활수준을 현재와 같은 수준으로 유지하기 위해 현재의 소비 지출을 제한하면서 저축을 하는 것, 투자시장에서 일정 수준의 위험을 감수하고 수익을 추구하는 것 등이 위험 보유의 예다.)
- 위험 축소 : 위험이 발생할 확률이 적지는 않지만 가능하면 그로 인한 손실이 크지 않도록 대처하는 방법이다. (예를 들어, 사고 발생 시 피해가 최소화 될 수 있도록 안전장치를 설치하는 것, 운전할 때 안전벨트를 착용하고 안전규칙을 준수하는 것, 높은 곳에서 작업할 때 안전모를 착용하는 것, 건강을 관리하기 위해 식습관 개선과 운동을 하는 것 등이 위험 축소의 예다.)
- 위험 이전 : 위험이 발생할 확률은 크지 않지만 해당 위험이 발

생하면 재무적 손실이 심각할 것으로 예상할 때 선택할 수 있는 위험관리 방법이다. 이때는 보험에 가입하여 보험사로부터 받는 보험금을 이용해 손실을 복구하는 것으로, 개인이 위험 발생으로 인한 재무적 손실을 복구하기에는 한계가 있어서 제3자인 다른 주체에 위험을 이전하는 방법을 선택하는 것이다. (예를 들어, 중대질병으로 인한 의료비를 위해 건강보험에 가입하거나, 건설현장에서 공사 중 발생할 수 있는 재해나 사고에 대비하기 위해 상해보험이나 화재보험에 가입하는 것 등이 위험 이전의 예다.)

- 위험 회피 : 위험이 발생할 수 있는 확률이 높으면서 그 위험이 발생했을 때 부담해야 할 재무적 손실이 클 것으로 예상될 때 선택할 수 있는 방법이다. 이런 경우에는 위험이 발생하지 않도록 가능하면 위험을 야기하는 상황을 피하는 것으로, 해당 활동을 중단하거나, 위험이 없는 대안을 채택할 수 있다. (예를 들어, 특정 장소에 위험한 물질이 있을 때 해당 장소에서 벗어나는 것, 건강에 해로운 음식을 먹지 않거나 금연을 하는 것, 운전을 하지 않는 것, 투자 시장에서 큰 위험을 감수하기 싫다면 안전하다고 인정받는 주식이나 채권에 투자하는 것 등이 위험 회피의 예다.) 위험 회피는 위험관리 방법 중 가장 소극적이나 가장 확실한 결과를 예측할 수 있는 방법이다. 그러나 위험 회피행동이 또 다른 위험의 노출로 연결될 가능성이 높기 때문에 실용적이지 않을 수 있다.

<위험 속성에 따른 위험관리 방법>

| 구분 | | 손실의 발생 빈도(확률) | |
|---|---|---|---|
| | | 낮은 빈도 | 높은 빈도 |
| 손실의 규모 | 손실 미비 | 위험 보유 | 위험 축소 |
| | 손실 심각 | 위험 이전 | 위험 회피 |

〈※ 출처: 대학생을 위한 실용금융, 금융감독원〉

# 대표적인 위험관리 방법
## '보험'

**보험은 손실만 발생할 가능성이 있는 순수위험을 관리하는 방법이다**

우리는 일상에서 직면할 수 있는 위험의 유형을 앞에서 인지방법과 손실 대상에 따라 분류해보았다. 이 외에 투기성 유무에 따라서 순수위험과 투기적 위험으로 분류할 수 있는데, 순수위험이란 화재, 폭발, 지진, 사망, 상해 등과 같이 전혀 이득의 기회가 존재하지 않는 경우를 말하며, 투기적 위험은 주식투자, 복권, 경마, 도박 등과 같이 손실의 기회와 이득의 기회가 모두 존재하는 경우를 말한다.

여기서 대표적인 위험관리 방법으로서의 보험은 손실과 이득의 기회가 모두 존재하는 투자 위험이 아닌, 손실만 발생할 가능성이 있는 위험 곧 순수 위험을 보호 대상으로 한다는 점에 유념하자.

## 보험의 주 목적은 손실의 이전

보험은 비슷한 위험에 놓여 있는 사람들이 그로 인한 경제적 손실을 제3자인 보험회사에게 이전하는 경제제도이다. 사망, 질병, 화재, 자동차 사고 등과 같은 우연한 사고로 발생하는 경제적 손실을 보전하고자 많은 사람들이 모여 보험료를 미리 내고 불의의 사고를 당한 사람에게 보험금을 지급하는 제도이다. 서로 알지 못하는 불특정한 다수가 모여 보험이라는 매개체를 통해 도움을 주고받는 점에서 '1인은 만인을 위하여, 만인은 1인을 위하여'라는 상부상조 정신을 구현한다고 할 수 있으며, 마치 우리 선조들이 서로 도왔던 품앗이 같은 제도라고 할 수 있다.

## 보험의 특성

보험은 앞에서 본 위험관리 대응 방법 중 위험 이전에 해당한다. 요컨대 위험 발생을 예측하기 곤란하거나 그로 인한 손실을 감당하기 어려울 때 그 책임을 제3자인 보험회사에게 부담하게 하는 것이다. 보험회사에서 판매하는 보험상품은, 발생할 수도 있지만 발생하지 않을 수도 있는 미래의 위험을 보장하고 있어 사람에 따라 그 필요성을 크게 인식하지 못할 수도 있다는 점, 보험사고가 발생하기 전까지는 그 서비스를 체험할 수 없는 보이지 않는 무형의 서비스 상품이라는 점, 그리고 전문가가 아닌 일반인은 어려워서 보험상품을 충분히 이해하기 어렵다는 점과 같은 여러 가지 특성이 있다.

영어 속담에 "얻는 것이 있으면, 잃는 것도 있다"라는 말이 있다. 우리는 보험을 통해 언제, 어떻게 발생할지 모르는 불확실한 위험에 대비하고 있다는 심리적 안정감을 얻을 수 있다. 그러나 한편으론 보험료라는 고정비용이 매월 현금흐름에서 나가는데 보험사고가 발생하지 않으면 보험금을 받을 수 없다는 점도 있다. 사실 보험사고가 발생하지 않았다는 것은 우리 가족들에게 나쁜 일이 생기지 않았다는 것으로 좋은 일이지만 그동안 냈던 보험료가 환급금으로 돌아올 수 없다는 점을 생각한다면 매월 지출되는 보험료의 비중은 과하지 않게 합리적으로 잡을 필요가 있다. 다시 말하면 한정된 자원 내에서 위험관리를 위한 비용은 경제적인 적정선에서 이루어져야 한다.

끝으로 보험으로 모든 위험을 커버할 수 없으며 따라서 보험이 위험을 관리할 수 있는 절대적인 방법은 아니라는 것이다. 그럼에도 불구하고 보험은 매월 내는 최소의 비용과 노력으로 발생 빈도나 손실에 대처할 수 있는 최대의 효과를 얻을 수 있는 방법으로 평가받기 때문에, 전통적으로 위험관리의 대표적이며 일반적인 방법으로 활용되고 있다.

## 보험(보장성)과 저축의 비교

보험과 저축은 모두 가계경제의 안정과 보장을 위한 수단이다. 보험은 우연한 사고로 인해 발생할 수 있는 재무적 손실을 보전함으로써 간접적으로 재무목표를 달성하고, 저축은 우연한 사고와 상관없이 재무 목표로 하는 금액을 모음으로써 직접적으로 재무목표를 달성하는 수단이다. 보험은 가입과 동시에 우연한 사고로 인한 재무적 손실을 보상받음에 비해 저축은 만기가 되어야만 재무목표를 달성할 수 있다는 차이점이 있다. 보험은 가입과 동시에 보상받을 수 있기 때문에 만기가 되면 납입한 보험료를 돌려받지 못하거나 일부만 돌려받음에 비해 저축은 만기가 되면 납입한 금액 이상을 돌려받는다. 간혹 보장성보험을 저축성상품으로 생각하는 경우도 있는데 분명한 것은 보장성보험은 저축성 상품이 아니라는 사실을 잊지 말아야 한다는 점이다.

- 보장성보험 : 보험의 본래 기능인 사망, 질병 등 각종 위험보장에 중점을 둔 보험.
- 저축성보험 : 목돈마련, 노후대비 등을 위해 저축기능이 강화된 보험

## 보험의 6가지 기본 원리

위험을 분담하고 서로 돕는다는 상부상조 정신을 비롯해 보험제도에 적용되는 기본원리 몇 가지를 살펴보자.

- 위험분담의 원칙 : 보험은 다수의 가입자가 돈(보험료)을 내고 보험사고가 발생하면 목돈(보험금)을 받는 것으로 위험에 따른 손실을 다수의 사람에게 이전하고 분산하는 위험분담의 원칙이 기본 원리로 적용된다.
- 대수의 법칙 : 보험회사는 많은 사람들의 보험료를 받아 불확실한 사건에 대한 보상을 지급한다. 이 원칙은 사건이 많이 발생할수록 보험사가 실제로 예상한 확률에 가까운 평균적인 결과를

얻을 가능성이 높다는 것을 의미한다. 이 원칙을 통해 보험사고가 발생할 확률을 예측하고, 사고발생률을 기초로 해서 기본 보험료가 정해진다.

- 수지상등의 원칙 : 보험료는 보험가입자가 납입하는 보험료의 총액과 보험회사가 지급한 보험금과 경비의 총액이 같은 수준에서 결정돼야 한다는 원칙으로, 보험사고가 많이 발생하여 보험회사의 손해율이 높아지면 보험료가 올라가고, 손해율이 낮아지면 보험료를 내려서 적정 수준의 보험료를 정하게 된다.

- 급부반대급부 균등의 원칙 : 가입자가 내는 보험료(위험보험료, 보험회사의 경비 총액 제외)의 총액은 보험사고 발생 시 보험회사가 개인에게 지급하는 보험금 총액과 같아야 한다는 원칙이다.

- 이득금지의 원칙(실손보상의 원칙) : 보험사고 발생 시 보험회사가 지급하는 보험금은 실제 손해를 초과해서는 안 된다는 원칙으로, 보험의 목적은 손해에 대한 보상으로 실제로 입은 손해만을 보상받는 것이지 그 이상의 보상을 받는 것은 아니라는 것이다. 즉 보험계약자들이 의도적으로 보험을 이용해 이득을 얻는 것을 방지한다는 원칙이다.

- 신의성실의 원칙 : 보험회사나 보험가입자 모두 상대방의 신뢰에 어긋나지 않게 거짓 없고 성실한 자세로 임해야 한다는 원칙이다. 보험회사는 약관을 공정하게 해석하고, 가입자를 차별하지 않는 반면에 보험가입자는 가입 시 기존 질병, 위험직종 근무사실 등 보험료나 보험가입 결정에 중요한 사항을 성실하게 보험회사에 알려야 함을 말한다.

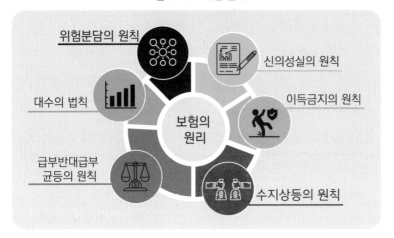

## 위험 종류별 보험상품

보험상품과 보험회사의 종류는 다양한데, 일반적으로 보험상품을 만드는 곳은 생명보험사, 손해보험사, 보증보험사, 우체국, 공제 (농협, 수협, 신협, 새마을금고)가 있다. 보험상품의 성격과 내용에 따라 먼저 생명보험과 손해보험으로 나눌 수 있다. 생명보험은 사람의 생명과 질병 등과 관련해서 보상을 해주는 상품으로 종신보험, 정기보험, 암보험, 건강보험 등이 대표적인 상품이다. 손해보험은 신체상이나 재산상의 손해를 보상하는 것을 목적으로 하는데 화재보험, 상해보험, 자동차보험, 배상책임보험 등이 있다.

이와 같이 보험의 대상에서 차이가 있는 생명보험과 손해보험의 또 다른 차이는 보상 방식에 있다. 예를 들어 생명보험은 가입 당시 정한 금액을 보험금으로 주는 정액보상의 방식인 데 반해 손해보험은 실제 손해를 입은 만큼만 보상하는 실손보상의 방식이다. 실손보상의 보험상품은 동일한 손해를 보상하는 보험을 복수로 가입하더라도 보험금을 2배로 받을 수 없다. 즉 생명보험이나 연금보험과 같은 정액보험은 복수로 가입하면 각각의 상품에서 보험금을 받을 수 있으나, 주택화재보험이나 실손의료보험과 같은 실손보상보험은 복수로 가입하더라도 각각의 상품에서 보험금을 중복해서 받는 것이 아니라 손해액을 한도로 분할해서 받을 뿐이다.

마지막으로 생명보험과 손해보험의 공통부분을 다루는 제3보험은 신체의 질병, 상해나 이로 인한 간병이 필요한 상태를 보험대상으로 하는데, 실손의료보험, 일반상해보험, 암보험, 간병보험, 여행보험, 운전자보험 등이 있다.

<생명보험 vs 손해보험 vs 제3보험 비교>

| 구분 | 생명보험 | 손해보험 | 제3보험 |
|---|---|---|---|
| 보험대상 | 사람의 사망, 생존 | 재산상 손해 (재산, 배상책임) | 신체의 상해, 질병, 간병 |
| 보험기간 | 장기(3년 초과) | 단기(3년 이하) | 단기, 장기 모두 있음 |
| 보험금 지급 방식 | 정액보상 | 실손보상 | 정액, 실손 모두 있음 |
| 보험금 청구권자 | 보험수익자 | 피보험자 | 보험수익자 |
| 연대비례 보상 | 없음 | 있음 | 실손보상보험은 있음 |
| 대표적인 상품 | 종신보험, 연금보험, 변액보험 (저축성) 등 | 자동차보험, 화재보험, 책임보험 등 | 실손의료보험, 상해보험, 암보험, 간병보험 등 |
| 보험자 (회사) | 생명보험사 | 손해보험사 | 생명보험사, 손해보험사 |

다른 한편으로는 보험상품의 기능에 따라 보장성보험과 저축성 보험으로 구분할 수 있다. 보장성보험은 위험보상이라는 보험의 본래 기능에 중점을 둔 것으로, 보험 만기가 되더라도 이미 낸 보험료를 돌려받지 못한다. 생명보험 중에서 종신보험, 암보험 등이, 손해보험 중에서는 화재보험, 실손의료보험 등이 대표적인 보장성보험이다.

반면에 저축성 보험은 대부분의 경우 저축성과 보장성을 겸하는 보험으로 위험보장과 함께 보험료의 일부를 적립, 보험 만기가 되면 이미 낸 보험료 합계액에 이자까지 더해서 말 그대로 저축을 위한 상품으로 목돈이나 노후준비 등을 목적으로 비과세, 세액공제 등의 추가적인 기능이 있다.

<위험의 종류에 따른 대표적인 보험상품>

| 위험의 종류 | | 보장 목적 | 차이점 |
|---|---|---|---|
| 유족의 생계 보장 | 종신보험 | 피보험자 사망 시 유족의 생활보장 (노후자금 마련을 위한 저축성 상품이 아님) | • 보장기간에 제약이 없다.<br>• 보험료가 비싸다. |
| | 정기보험 | | • 일정기간만 보장을 받는다.<br>• 보험료가 저렴하다. |
| 건강 보장 | 정액보험 | 질병이나 상해로 입원 또는 통원 치료 시 의료비 보장 | 계약 시 받을 보험금액이 약관에 명시되어 있다. (예, 진단비, 수술비, 입원비 등) |
| | 실손보험 | | 치료 시 실제로 부담한 의료비 보장 - 실손 보상의 원칙 (보험료-갱신형) |
| 자녀를 위한 보험 | 건강보험 (어린이보험) | 질병, 상해 등 자녀의 건강 보장 | • 보장기간의 다양성<br>• 어린이보험: 보험료가 성인 대비 저렴하다. |
| | 저축성보험 | 자녀의 학업 및 독립자금 마련 | • 보험료 일부를 보험만기에 환급 받는다. |

| 노후자금 마련 | (일반)연금보험 | 노후소득보장과 생활안정 | • 세제비적격 상품 (보험차익에 비과세) |
| | 연금저축보험 | | • 세제적격 상품 (연금소득세 납부) |
| | 변액연금보험 | | • 투자실적에 따른 배당형 상품 (원금비보장) |

## 보험계약의 구성 요소

보험상품 계약과 관련된 기본 요소 및 용어는 아래와 같다.

| 용어 | 내용 |
|------|------|
| 보험회사 | 보험을 제공하며 보험료를 받고 보험사고 발생 시 보험금을 지급하는 자 |
| 계약자 | 보험회사와 계약을 하고 보험료를 내야 할 의무가 있는 자 |
| 수익자 | 보험사고 발생 시 보험회사에 보험금을 청구할 수 있는 권한을 가진 자 |
| 피보험자 | 보험금 지급 조건의 적용을 받는 보험사고 발생의 대상(생명보험)이나 보험사고로 경제적 손실을 입는 자(손해보험) |
| 보험료 | 보험에 가입한 사람이 보험회사에 내는 일정한 돈(금액) |
| 보험금 | 보험사고 발생 시 보험회사로부터 실제로 지급받는 돈(금액) |
| 가입금액 | 보험사고 발생 시 보험회사가 지급할 최대 보험금 산출에 기준이 되는 금액 |
| 보험가액 | 보험사고 발생 시 보험회사가 보상해야 할 법률상 최고 한도액 |
| 보험사고 | 보험회사가 보험금을 지급해야 할 사유가 되는 손해가 발생하는 것 |
| 납입기간 | 보험회사에 보험료를 내는 기간 |
| 보험기간 | 보험계약에 따라 보험사고에 대한 보장을 받는 기간 |
| 만기환급금 | 보험계약 만기 시 계약자에게 환급되는 금액 |
| 해지환급금 | 보험계약 중도 해지, 실효 등으로 계약자에게 환급되는 금액 |

## 보험가입 전 체크해야 할 5가지

(출처: '금융꿀팁 200선', 금융감독원)

보험은 태어나기도 전에 가입(예, 태아보험)해서 죽을 때까지 유지하는 상품도 있을 정도로 생활밀착형 장기상품으로 위험보장이나 목돈 마련 등의 중요한 역할을 한다. 그러나 한정된 자원으로 우리집의 다양한 재무목표 달성을 위한 저축 자원이 제한적인 상황에서 장기간 비용의 성격으로 지출되어야 한다는 점을 감안할 때 보험에 가입하기 전에 신중하게 검토할 점들이 있다.

1) 소득의 변동성 및 유한성에 따른 보험료 납입의 지속가능성 등을 따져 계약을 장기간 유지하는데 문제가 없는 지 따져볼 것.

2) 가입하려는 목적 즉 위험보장 vs 장기 목돈마련(연금수급)에 따라 보험상품의 특성에 차이가 있으므로 왜 가입하려고 하는지에 대해 살펴볼 것

3) 보험회사별, 판매채널별로 보험상품이나 보험료에 차이가 날 수 있으므로 어느 회사, 어떤 채널에서 가입할지 비교 검토할 것

4) 기대하는 보험금이나 저렴한 보험료 등에만 현혹되지 말고 가입하려는 상품의 보장범위, 보험금 지급제한 사유, 보험소비자의 권리와 의무사항 등을 꼼꼼히 확인할 것

5) 대부분의 보험상품은 보험료 산정방식이 갱신형과 비갱신형으로 나누어져 있으므로 가입자의 나이와 상황에 따라 매월 내는 보험료가 어떤 방식이 적절한 지 신중하게 선택할 것

그 외 보험에 현명하게 가입하기 위해서는 가족 구성원별 필요한 보험 및 누구를 위한 보험을 우선적으로 할지, 만약 추가 가입 시기존에 가입되어 있는 상품과의 중복 여부, 가입하려는 보험회사의 재무건전성 등을 고려하여 보험상품을 선택하는 것이 바람직하다.

보험은 가입하는 사람의 필요와 상황에 따라 적절한 상품을 선택하는 것이다. 예를 들어 보험의 가입 시점, 납입기간, 보험기간, 비갱신형보험과 갱신형보험, 만기환급형과 순수보장형 등은 가입자가 선택할 수 있는 다양한 가입조건이다. 반면에 나이, 성별, 장애상태, 직업 등은 가입자에게 선택지가 없는 조건이다. 여기서 내가 선택할 수 있는 조건들 중 어떤 조건을 선택하느냐에 따라 보험료는 물론 보장조건 등은 달라질 수 있으므로, 나에게 어떤 것이 유리한지를 따져보고 조건을 선택하는 것도 도움이 된다.

| 구분 | 갱신형 | 비갱신형 |
|---|---|---|
| 보험기간 및 납입기간 | 일정주기(3년, 5년 등) 단위로 갱신, 보험 전기간에 걸쳐 납입 | 상품별로 만기 시까지 (100세 만기 등) 납입 또는 특정기간 납입 (10년, 20년 등) |
| 장점 | 가입 시 초기 보험료 저렴 | 위험률 증가하더라도 납입기간 내 보험료 인상이 없음 |
| 단점 | 갱신 시 보험료 인상 또는 일부 담보 가입거절 가능성 | 고연령의 보험료를 가입 초기에 납부하므로 보험료가 높음 |

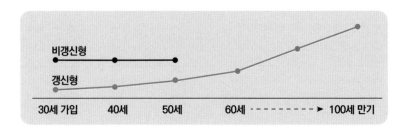

212

# [Tip] 2. 만기환급형 vs 순수보장형 보험

| 구분 | 만기환급형 | 순수보장형 |
|---|---|---|
| 내용 | 보험기간 중 보험사고가 발생하지 않았을 경우, 납부한 보험료를 만기에 돌려받을 수 있는 보험 | 보험만기 때 환급금 없이 순수하게 보장과 혜택만을 받을 수 있는 보험 |
| 공통점 | 보험사고 발생 시 보장받은 보험금을 지급받음 | |
| 장점 | 보험만기 시 납입한 보험료 환급 | 환급금이 없는 대신에 만기환급형보다 납입하는 보험료가 저렴 |
| 단점 | 순수보장형 대비 보험료가 높음. 단 물가상승으로 인해 만기 시 돌려받는 환급금의 가치가 하락할 수 있음 | 보험료가 저렴한 대신 만기 시 환급금이 없음 |

# 우리나라
# 사회보험과 민영보험

## 사회적 위험은 어떻게 관리하나

개인이 예측할 수 없는 불확실한 위험에 대비하여 선택하는 위험관리의 일반적인 방법이 보험이라고 앞에서 설명했다. 위험에 대비하고자 하는 사람의 의지 및 선택에 의한 개인적 차원의 위험관리 외에 국가나 국민이 직면할 수 있는 사회적 위험에 대해서는 어떤 방식으로 위험관리를 하는 것이 좋을까? 사회구성원의 질병, 장애, 노령, 실업 등으로 생길 수 있는 경제상의 어려움으로부터 구제하기 위한 사회보장 정책의 하나로 등장한 것이 사회보험이다. 국가의 산업과 경제가 발전할수록 산업현장에서의 재해, 비자발적인 실업 및 조기 퇴직, 질병·장애·노령 등과 같은 위험요소는 늘어나게 된다. 이에 국가나 사회가 구성원의 건강과 생활보장을 강구해야 하는데 이때 보험의 원리를 응용, 사전에 위험관리를 하는 최소한의 사회적 안전망 역할을 하는 것이 사회보험인 것이다.

214

사회보험이나 민영보험 모두 가입자의 기여금(보험료)을 재원으로 위험을 분산하는 보험제도의 특성을 띠고 있으나 두 보험의 가장 큰 차이점은, 사회보험이 영리를 목적으로 하는 민영보험자(보험회사) 입장에서 운영하기 곤란한 사회적 위험을 처리한다는 것과 사회보험에 가입은 개인의 선택이 아닌 의무라는 점이다.

## 우리나라 4대 사회보험

사회보험은 전 국민의 기본적인 삶을 위협할 수 있는 사회적 위험, 노령, 질병, 장애, 실업, 사망 등으로부터 국민을 보호하여 최소한의 최저 생활 보장을 목적으로 하고 있는 사회보장 제도이다. 사회보험은 일정한 조건에 해당하는 국민은 누구나 의무적으로 가입해야 하는 강제성을 띠고 있으며, 대부분의 경우 국가나 공공기관이 보험자가 된다. 민영보험에서 보장할 수 없는 위험을 처리하는 사회적 제도로서 대표적인 사회보험을 도입 시점에 따라 요약하면 다음과 같다.

1) 산업재해보상보험(1964년) : 우리나라 최초의 사회보험으로, 일하다가 다친 근로자에 대한 치료와 그 가족의 생활을 보장하기 위한 보험으로 근로복지공단이 관리·운영한다.

2) 국민건강보험(1977년) : 일상생활에서 발생하는 질병·상해 등에 대한 예방, 진단, 치료, 사망 및 건강증진에 관련한 서비스를 제공하여 국민건강을 향상시키고 사회보장 증진을 목적으로 하는 보험으로 국민건강보험공단과 건강보험심사평가원이 관리·운

영한다.

- 노인장기요양보험(2008년) : 고령이나 노인성질병 등으로 일
상생활을 해내기 어려운 65세 이상의 노인 등에게 신체활동
또는 가사활동 지원 등의 장기요양급여를 지급하여 노후의
건강 증진 및 생활안정, 그리고 그 가족의 부담을 덜어주기 위
한 보험제도이다.

3) 국민연금(1988) : 나이가 들거나 장애, 사망 등으로 소득이 줄어
들거나 없어졌을 때 연금을 지급하여 최소한의 소득을 보장하는
보험으로 보건복지부 장관이 관리·운영한다.

- 근로자 외 공무원, 군인, 사립학교 교직원 등을 대상으로 하는
공무원연금과 군인연금(1960년), 사학연금(1975년), 별정우체국
연금(1991년) 등의 특수직역연금이 사회보험 형태로 별도로 운
영되고 있다.

4) 고용보험(1995년) : 근로자가 실직한 경우 생활안정을 위해 실업
급여를 지급하고 직업능력 개발과 향상을 위한 구직활동을 돕는
보험으로 고용노동부에서 관리·운영한다.

## 우리나라 민영보험

국민의 건강위험과 그에 따른 경제적 위험으로부터 국민을 보호
하기 위한 사회보험으로 국민건강보험과 산재보험이 있다면, 사회
보험의 보장성 한계로 처리할 수 없는 부분에 대한 보완으로 개인
이나 기업이 리스크에 대비하여 자유롭게 가입하는 보험이 민영보
험이다. 민영보험은 크게 생명보험, 손해보험, 제3보험으로 나뉘는

데, 은행창구, 증권사창구, 홈쇼핑, 보험설계사, 보험대리점, 보험중개사, 온라인 보험슈퍼마켓 등을 통해 손쉽게 접하는 보험회사 등의 다양한 보험상품이 있다(5장 "위험종류별 보험상품 참조").

# [Tip] 1. 사회보험과 민영보험의 주요 차이점

| 구분 | 사회보험 | 민영보험 |
|------|----------|----------|
| 운영 원리 | 독점시장 원리 | 자유경쟁시장 원리 |
| 운영 주체 | 비영리 공단(준정부기관) | 보험회사 |
| 보험 가입 | 의무가입 | 임의가입 |
| 운영 목적 | 국가 복지정책의 실현<br>소득 재분배 및 공공성 강조 | 보험영업이익(기업가치) 제고<br>경제주체에 리스크관리 수단 제공 |
| 보험료 부과 | 임금 등의 일정 비율로 부과<br>보험가입자와 사용자가 부담<br>사용자가 100% 부담하는 경우 있음 | 개별 보험계약의 급여 수준 등에 따라<br>보험료 결정<br>보험가입자가 부담 |
| 보험급여 | 관련 법률로 규정 | 개별 보험계약에 의해 결정 |
| 보험 종류 | 국민건강보험, 산업재해보상보험,<br>국민연금보험, 고용보험,<br>노인장기요양보험 | 실손의료보험, 암보험, 종신보험,<br>연금보험, 자동차보험, 화재보험,<br>배상책임보험 등 |

〈※ 출처 : 실용금융, 금감원〉

# [Tip] 2. 국민건강보험<sup>(사회보험)</sup> 과 실손의료보험<sup>(민영보험)</sup> 의 비교

| 구분 | 국민건강보험 | 실손의료보험 |
|---|---|---|
| 서비스<br>수급권 | • 법적인 수급권 | • 보험회사와의 계약적 수급권 |
| 서비스<br>수준 | • 모든 가입자가 균등 | • 보험료 납부액에 따른 차등 |
| 가입 대상 | • 국내에 거주하는 국민 | • 임의가입 |
| 보장 대상<br>질병 | • 모든 질병<br>(일상생활에 지장이 없는 질환 등 건강<br>보험법상의 비급여대상은 제외) | • 건강보험의 비급여 대상 및 약관에<br>  보장하지 않는 질병 제외<br>• 청약일 전 5년 이내에 발생한 질병<br>  제한 |
| 보장<br>일수 | • 제한 없음<br>(질병 완치 시까지 보장) | • 입원 : 발병일로부터 365일<br>• 통원 : 연간 180회<br>• 처방조제비 : 연간 180건 |
| 보장<br>금액 | • 제한 없음<br>• 법정본인부담금 및 비급여 제외<br>• 본인부담상한제<br>(당해년도 총 의료비 본인부담금<br>총액에서 소득수준에 따라 차등적용된<br>금액 이상인 경우 환급) | • 건강보험 급여를 제외한<br>  본인부담금 중 일부와 비급여 보상<br>  (2019년 3월 기준)<br>  * 본인부담금+비급여 금액<br>    합계액의 80~90% 보상<br>  * 입원 : 5천만 원 한도<br>  * 통원(외래+처방조제) :<br>    회당 합산하여 30만 원 한도 등<br>• 2017년 4월부터 기본형과 특약<br>  (도수치료 등)을 별도 구매하는<br>  상품으로 개편됨 |
| 계약 갱신 | • 평생 의무 가입 | • 1년 단위 등 |

〈※ 출처 : 국민건강보험 홈페이지〉

# 6장

# 100세 시대에 걸맞은 노후 준비

다음에 제시한 6가지 항목의 질문에 따라,

나는 건강하고 안정된 노후생활을 위해 얼마나 대비를 하고 있을까? 아래 제시한 재무·건강·대인관계·가정·여가·일 등의 6가지 영역의 질문과 답변을 통해 자신의 현재 상태를 종합적으로 진단해 보자.

인생영역진단 (※ 출처: 서울시50플러스 재단)

- 각 항목별로 1점~10점을 기준으로 하여 자신이 생각하는 점수를 체크한다(10점이 가장 잘하거나 만족스러운 경우이다).

## 1. 재정

| | | |
|---|---|---|
| 1 | 나는 장래를 위해 적절한 재정적 준비를 취하고 있는가? | |
| 2 | 나에게는 날마다 필요한 돈을 벌 수 있는 일이 있는가? | |
| 3 | 일을 하지 않더라도 가계를 꾸려나갈 수 있는가? | |
| 4 | 나는 다른 사람들이 재테크의 기회를 어떻게 활용하고 있는지 관찰해본 일이 있는가? | |
| 5 | 내가 가족의 부양책임을 질 수 없게 되어도 나 대신 이 의무를 떠맡을 가족이 있는가? | |
| 합계 | | |

## 2. 건강

| | | |
|---|---|---|
| 1 | 나는 내 나이에 비해 건강한가? | |
| 2 | 나는 스트레스를 잘 조절하는가? | |
| 3 | 합리적인 건강 프로그램을 갖고 있는가? | |
| 4 | 현재의 체중은 건강유지에 괜찮으며, 균형 잡힌 음식을 섭취하는가? | |
| 5 | 건강진단을 위해 정기적인 종합진단을 받고 있는가? | |
| 합계 | | |

## 3. 대인관계

| | | |
|---|---|---|
| 1 | 나의 대인관계에는 지속성과 힘이 있는가? | |
| 2 | 나는 나 자신을 사교적인 사람이라고 생각하는가? | |
| 3 | 나는 다른 사람의 감정을 배려하는 편인가? | |
| 4 | 나는 익숙하지 않은 상황에서도 자신감 있는 태도를 갖고 있는가? | |
| 5 | 나는 다른 사람의 이야기를 경청하는 편인가? | |
| 합계 | | |

## 4. 가정

| | | |
|---|---|---|
| 1 | 가족은 나의 인생에서 가장 소중한 존재라고 생각하는가? | |
| 2 | 나는 가족들이 무엇을 원하는지 알려고 노력하는 편인가? | |
| 3 | 자녀들은 개인적 문제나 의사결정하는 문제에서 내 의견이나 도움을 구하는가? | |
| 4 | 나는 자녀들이 자신감을 개발하도록 도와주고, 자주 칭찬하는가? | |
| 5 | 나는 가족에 대한 사랑을 적극적으로 표시하는가? | |
| 합계 | | |

## 5. 여가

| | | |
|---|---|---|
| 1 | 나는 취미나 문화생활을 즐기고 있고 만족하는가? | |
| 2 | 가족들의 오락(휴가 계획)은 적절히 계획되는가? | |
| 3 | 부부가 같이하는 여가 생활을 갖고 있고 즐기고 있는가? | |
| 4 | 나는 일 못지않게 여가 생활을 중요하게 생각하는가? | |
| 5 | 나는 여가생활을 개발하려고 노력하고 있고, 다른 사람으로부터 배우려는 자세를 가지고 있는가? | |
| 합계 | | |

## 6. 일

| | | |
|---|---|---|
| 1 | 나는 미래를 위해 만족스러운 계획을 갖고 있는가? | |
| 2 | 나는 새로운 분야에도 적극적으로 일할 수 있는가? | |
| 3 | 나는 자신의 일에 자신감과 자부심을 갖고 있는가? | |
| 4 | 다방면에 걸쳐 균형 있게 교육이나 훈련을 받았다고 생각하는가? | |
| 5 | 나는 자기계발을 위해 항상 노력하는가? | |
| 합계 | | |

- 각 영역별 항목 점수를 합한다. 진단결과 종합에 영역별 총점에 해당하는 곳에 점을 찍는다.

6대 영역에 표시한 점들을 선으로 잇는다. 가장 높은 점수가 나온 영역과 가장 낮은 점수가 나온 영역의 점수를 비교해본다. 6대 영역 간의 점수 차가 심하지 않은 것이 좋다. 만일 다른 영역들과 비교해서 심각하게 낮은 영역이 있다면 그 이유를 생각해보고 개선시킬 수 있는 방안을 연구하여 실천한다. 노후 삶의 질은 모든 영역에서 균형적으로 준비되었을 때 행복도와 만족도가 높다.

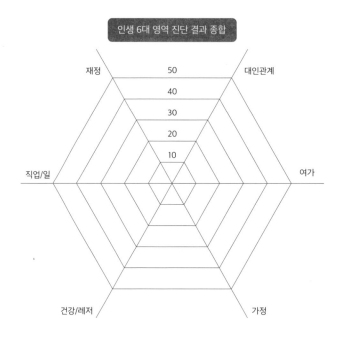

인생 6대 영역 진단 결과 종합

| 구분 | 점수 | 영역 |
|---|---|---|
| 가장 높은<br>점수 영역 | | |
| 가장 낮은<br>점수 영역 | | |

| | |
|---|---|
| 나의 기대수명 | • 본인의 기대수명을 그렇게 생각하는 이유는? |
| 인생 6대 영역 중 가장 높은 점수 영역 | |
| 인생 6대 영역 중 가장 낮은 점수 영역 | |
| 앞으로의 계획 | |

# 노후 준비에 대한
# 패러다임의 변화

## ▌길어진 노년

현재 우리나라는 평균수명의 증가와 급격한 출산율 저하로 인구 고령화가 급속히 진행되고 있으며, 멀지 않은 2025년 65세 이상 인구가 총인구에서 차지하는 비중이 20% 이상인 초고령사회로의 진입이 예상되고 있다. 평균수명의 연장으로 이제 사람들은 정년퇴직이나 은퇴 이후의 삶을 단순히 노쇠 기간이 길어진 것이라 여기지 않고 청년기나 장년기처럼 생애주기에 따른 한 단계로 바라보게 되었으며, 장기적인 관점에서 체계적으로 계획하고 준비해야 하는 단계라고 인식하게 되었다.

지금은 누구나 100세 시대를 맞이할 수 있는 가능성이 높아진 시대다. 그동안 노후준비에 대해 큰 관심을 가지지 않았던 사람들에게도 노후준비는 '어떻게 되겠지'라는 근거 없는 낙관주의에서, 미래에 대한 대비는 현재의 내가 하지 않으면 안 되는 것이라는 당위성으로 변화하고 있다.

## ▌노후준비를 바라보는 우리의 시각은 어떻게 달라졌나

우리나라 평균수명은 1980년 66.1세에서 2021년 83.6세로 증가했으며, 이런 추세는 근로자 평균연령에도 반영되어 근로자 평균연령도 같은 기준으로 28.8세에서 43.4세로 고령화하는 추세를 보이고 있다. 돌이켜보면 우리 부모님 세대는 안정적인 직장에서 일하면서 내 집을 마련하고, 평생직장이라는 개념으로 일하다 받은 퇴직금을 예금에 넣어두고 길게 남지 않은 여생을 자녀와 주변 친인척들의 부양을 받으며 살았기 때문에 노후준비에 대한 필요성을 심각하게 느끼지 못했던 세대였다.

그러나 현재는 의료기술과 생활환경 개선으로 인간의 기대수명이 증가하고 있으며 노후준비를 할 때는 기대수명이 예측보다 지속적으로 길어질 수 있다는 가능성을 열어두고 설계를 해야 할 필요가 있다. 〈미래에셋투자와연금리포트〉 54호에 따르면 주된 일자리에서의 퇴직 연령은 평균 49.3세로 50세 이전인 반면 노동시장에서 퇴장하는 실질 은퇴 연령은 평균 72.3세(2018년 기준)로 퇴직 연령과는 상당한 차이를 보인다. 이는 평생직장이 사라진 현실에서 많은 퇴직자들이 상당 기간 노동시장에 남아 소득 활동을 계속함을 의미하는 것으로, 경제적 노후 준비가 그만큼 부족한 상황임을 보여주는 지표다.

결국 노후에 가장 믿고 기대할 수 있는 가족으로부터의 부양 또한 돌봄·부양 의식의 약화, 가족 규모 축소, 가족 해체 등으로 부모님의 노후를 가족이 돌보아야 한다는 생각은 지속적으로 감소하고 있는 실정이어서 현대사회에서 가족 내 돌봄·부양이 필요한 수요자는 실질적으로 증가하는 데 비해 현실은 뒷받침되지 않고 있다. 곧 미래의 내 노후는 지금의 내가 책임진다는 인식으로 준비하지 않으면 안 되는 시대가 되었다.

<성별 65세, 80세까지의 생존 확률, 1970년, 2001년, 2021년생> (※ 출처: 통계청)

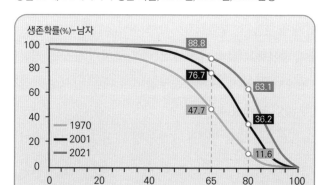

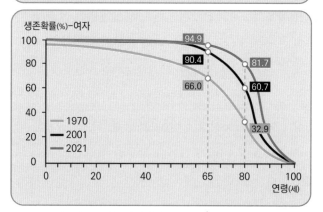

* 예로서, 2021년 출생아가 향후 80세까지 생존할 확률은
남자 63.1%, 여자 81.7%로 매년 생존확률이 0.1% 이상씩 증가하고 있음.

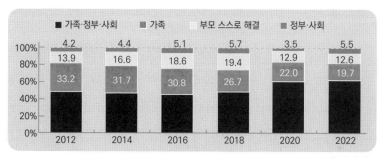

<연도별 부모 부양에 대한 견해>

■ 가족·정부·사회　■ 가족　□ 부모 스스로 해결　■ 정부·사회

| | 2012 | 2014 | 2016 | 2018 | 2020 | 2022 |
|---|---|---|---|---|---|---|
| 부모 스스로 해결 | 4.2 | 4.4 | 5.1 | 5.7 | 3.5 | 5.5 |
| 가족 | 13.9 | 16.6 | 18.6 | 19.4 | 12.9 | 12.6 |
| 정부·사회 | 33.2 | 31.7 | 30.8 | 26.7 | 22.0 | 19.7 |

〈※ 출처: 통계청〉

## ▌큰 돈(자산 축적)에서 평생 월급(소득 인출)으로

재무적 관점에서의 노후준비는 현재와 미래의 지출을 고려, 노후에 대비하여 필요한 자산을 축적하는 것이다. 이를 위해 우리는 노후에 필요한 돈의 규모를 예측하고 그에 따라 적절한 계획을 수립해야 한다. 하지만 노후에 필요한 돈의 규모를 파악하는 것은 쉽지 않다. 예측할 수 있는 지출, 예측할 수 없는 지출 등 다양한 요소가 있지만, 노후준비를 할 때는 현금흐름을 고려하여 노후에 필요한 돈의 규모를 가늠하여 정확하게 예측하는 것이 좋으며, 그동안 축적한 자산을 안정적인 소득으로 인출하는 것이 중요하다.

자산 축적은 노후 생활에 필요한 자금을 충당하기 위한 방법 중하나이지만, 예를 들어 부동산과 같은 실물자산에 편중하여 자산을 축적하였다면 노후 생활에 필요한 안정적인 현금흐름의 소득을 확보한 것이라 보기 어렵다. 왜냐하면 자산의 가치는 금리 변동, 인플레이션 등의 요인으로 인해 자산 가치가 하락하거나 수익을 내지 못할 수도 있어서, 자산의 운용에 따른 수익을 현금흐름으로 인출할 수 있는지에 대해 내 통제력이 있다고 자신 있게 말하기 어려운 것이다.

노후에는 자산 가치로서의 크기보다는 오랜 기간 동안에 정기적으로 예측할 수 있는 일정한 소득이 행복하고 안정된 노후를 보내는 데 더 중요하다. 이러한 관점에서 가능하다면 노후 준비의 초기 단계에서부터 자산 축적뿐만 아니라 은퇴 후에 노후 소득으로 활용할 수 있는 형태로도 병행 준비할 것을 추천하고 있다. 필요한 시점에 필요한 형태로 전환하는 데 소요되는 비용을 절약히고 절세 혜택을 기대할 수 있는 방법도 있기 때문이다.

## 공적연금으로 부족하다면 사적연금으로 보완하자

앞에서도 말했듯, 평균수명이 점점 늘어남에 따라 100세 시대는 이미 시작되었고, 이로 인해 노후 생활을 위한 재정 준비는 갈수록 점점 중요해지고 있다. 이러한 때 공적연금의 고갈 이슈는 국가의 노후소득 보장제도인 공적연금으로 노후를 준비해온 많은 가계에 노후에 대한 불안을 더욱 가중시키고 있다. 게다가 공적연금으로 노후생활이 충분할 것이라는 기대치는 현대의 라이프 스타일 및 소비 패턴의 변화, 세금 부담의 증가 등으로 그 실효성이 떨어지는 게 사실이다. 공적연금만으로는 노후 생활이 어렵겠다는 위기감이 팽배해지는 것이다.

특히 공적연금의 한정된 수령액, 감액 조항, 수급 가능 연령 제한 등의 한계점은 나의 수명을 예측할 수 없는 100세 시대를 살아가는 데 치명적인 리스크가 될 수 있다는 불안감을 갖게 한다. 은퇴 전 소비수준 및 지출 패턴을 유지하기 위해서는 일정 수준 이상의 자금이 필요하다는 점, 곧 공적연금만으로는 턱없이 부족할 것으로 예상하는 경우가 늘고 있으며, 개인적으로 추가적인 자금을 준비하기 위해 사적연금 등의 다른 재정 준비 수단을 활용하여 효율적으로 노후준비를 해야 한다는 인식이 확산되고 있다.

사적연금은 개인의 재무적 상황과 목표에 맞게 개인의 선택에 따라 가입할 수 있으며 세제혜택이나 수급연령 선택의 융통성, 납입 규모에 따른 공평한 수급 등 공적연금과 다르게 다양한 옵션이 제공되고 있어서 개인의 재정 상황을 관리하는 데 효율적이라 할 수 있다.

〈노후 준비 여부 '준비하고(되어) 있음'〉

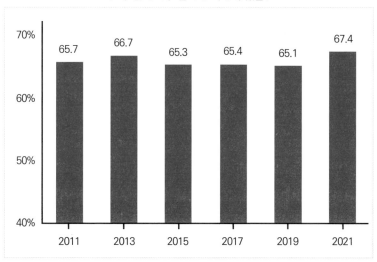

〈※ 출처 : 2021년 사회조사, 통계청〉

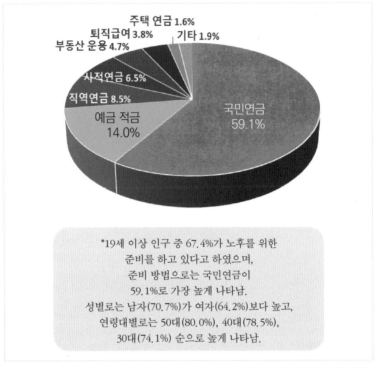

〈노후 준비 방법〉

주택 연금 1.6%
퇴직급여 3.8%
기타 1.9%
부동산 운용 4.7%
사적연금 6.5%
직역연금 8.5%
예금 적금 14.0%
국민연금 59.1%

*19세 이상 인구 중 67.4%가 노후를 위한
준비를 하고 있다고 하였으며,
준비 방법으로는 국민연금이
59.1%로 가장 높게 나타남.
성별로는 남자(70.7%)가 여자(64.2%)보다 높고,
연령대별로는 50대(80.0%), 40대(78.5%),
30대(74.1%) 순으로 높게 나타남.

〈※ 출처 : 2021년 사회조사, 통계청〉

## 노후를 대비해 준비해야 할 것들

국민연금연구원의 제9차(2021년도) 국민노후보장패널 조사보고서에 의하면, 50세 이상의 중고령자는 노후가 시작되는 연령을 평균 69.4세로 보는 것으로 나타났다. 그리고 노후가 시작되는 것은 주관적으로 기력이 떨어지는 시기, 근로활동의 중단으로 소득상실이 생기는 시기, 공적연금 수급이 개시된 것 등을 계기로 인식하는 것으로 나타났다.

한편 월 적정생활비는 부부를 기준으로 월 277만 원, 개인 기준으로는 177.3만 원으로 나타났으며, 기초연금, 자식 및 친척으로부터 받는 생활비 및 용돈, 공적연금, 배우자의 소득, 근로활동 등을 통해 노후생활비를 충당하는 것으로 나타났다.

주변에서 노후 생활을 시작한 부부 중 어느 한 사람이 건강상 문제를 안고 있으면 나머지 한 사람의 은퇴 후 삶의 질 또한 크게 저하된다고 하는 말을 듣고 한다. 그렇다면 성공적인 노후 생활을 위해서는 건강한 생활방식을 유지하여 건강에 대한 꾸준한 대비를 하는 것이 필요할 것이다. 기본적인 건강관리 외 노후를 위한 준비 시 고려해야 할 몇 가지 요소를 소개한다.

- 재무적 안정성 : 공적연금, 퇴직연금, 개인연금 등 노후 소득원을 명확히 파악하는 것이 중요하다. 특히 인플레이션이 은퇴 수입과 지출에 미치는 잠재적인 영향을 고려해야 하며, 은퇴 기간 동안 자산을 관리하기 위한 계획을 라이프 스타일에 맞추어 나름대로 개발해야 한다. 복리의 혜택을 극대화하고 편안한 노후를 보장하기 위해서는 저축을 조기에 시작하고 중도에 포기하지 않고 지속하는 것이 중요하다.
- 라이프 스타일 : 노후의 삶은 단지 돈에 관한 것이 아니며, 기대하던 라이프 스타일에 관한 것이기도 하다. 어떻게 시간을 보내고 어디에서 살고 싶은지, 그리고 어떤 활동을 하고 싶은지에 대한 생각을 포함하여 즐겁고 만족스러운 은퇴를 위한 계획과 실천이 필요하다.

- 의료 계획 : 의료비를 준비하는 것은 노후준비 계획에 있어 중요한 부분이다. 건강관리 비용을 포함하여 의료비, 장기요양비, 간병비 등을 충당하는 데 도움이 되는 추가 보험을 준비하는 것을 고려한다.
- 사회 활동 : 오래 살아남을 것을 고려하여 사회적 활동은 매우 중요하다. 가족, 친구, 지인들과의 교류나 자원봉사 등 사회적 관계를 유지하고 지역사회 활동 등을 통해 자신의 가치를 인정받고 스스로의 삶의 만족도를 높이는 것이 중요하다.
- 새로운 배움과 자기계발 : 100세 시대에는 늙어도 계속해서 배우고 자기계발하는 것이 중요하다. 디지털 기술과 인터넷이 매우 중요한 역할을 할 것이므로 이를 적극적으로 활용하는 방법과 이에 대한 기술적 지식 및 습관을 기르는 것을 포함하여, 새로운 취미나 관심사를 가지고 배우고 노력하는 것은 건강과 정신적 안녕에 큰 도움이 될 수 있다.

## 우리 삶에도 최소량의 법칙이 적용된다

유기화학의 아버지 유스투스 폰 리비히(Justus von Liebig)는 식물의 생산량은 생육에 필요한 최소한의 원소 또는 양분에 의하여 결정된다고 주장했다. 이른바 '리비히의 최소량의 법칙'이 그것인데, 이 법칙에 따르면 어떤 화학 물질이나 영양소 등이 생물체에게 필요한 경우, 필요한 최소한의 양보다 적게 공급되면 생물체의 성장, 생존 등에 부정적인 영향을 끼치게 된다.

행복한 노후생활에 적용될 수 있는 '최소량의 법칙' 요인으로는 인생 6대 영역 자가진단의 항목 즉 재정, 건강, 대인관계, 가정, 여가, 일이 포함될 것이다. 은퇴 후 삶의 질이 떨어지지 않기 위해서는 삶을 영위하는 데 필요한 최소한의 준비가 특정 영역에서만이 아니라 다양한 측면에서 전체적으로 균형 있게 준비되어야 하는 것이 중요하다는 점에서, 우리 삶은 리비히의 최소량의 법칙과 유사한 측면이 있다고 볼 수 있다.

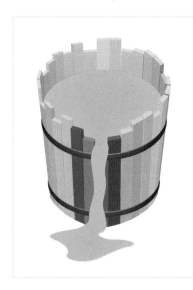

### 〈리비히의 '최소량의 법칙'〉

- 나무통에 채워지는 물의 양은 나무통을 구성하는 가장 낮은 나무판에 의해 좌우된다. 따라서 어느 한 요소에 해당하는 나무판이 평균보다 짧다면, 전체 물의 양은 전체적으로 줄어들게 될 것이다.

# 노후 소득으로 준비할 수 있는
# 다층연금제도의 이해

## 평생 월급이 필요하다

노후에는 일할 수 있는 능력이 감소하고 경제적인 불안정성이 증가할 가능성이 높다. 근로소득이 줄어들거나 사라질 가능성이 높아지는 가운데, 노후생활을 안정적으로 유지하기 위해서는 평생 월급 개념의 소득이 필요하다. 이러한 소득은 매월 노후생활비로 쓰는 데 어려움 없도록 예측 가능한 금액이 기대하는 기간 동안 정기적으로 인출되어 은퇴 후에도 은퇴 전처럼 지출 수준을 유지하면서 라이프 스타일을 향유하는 데 매우 중요한 요소가 된다.

## 노후 지출에 따른 자산 유형

100세 시대를 감안해보면 정년제도로 인한 60세 이후의 40년이라는 긴 시간을 보내기 위해서는 예상한 것보다도 더 많은 노후 자산이 필요할 가능성이 높다. 다시 말해 생각보다 더 오래 살게 되는

238

경우, 준비한 노후 자산이 내가 죽기 전 먼저 소진될 수 있는 위험도 있다는 것이다. 물론 준비한 노후 자산을 못 쓰고 일찍 죽을 수도 있지만, 아무튼 은퇴 이후 생활비는 용도와 그에 따른 소득원의 자산 유형에 따라 다음과 같이 나누어볼 수 있다.

1) 생활비 : 매월 일정한 소득의 형태(연금형-예 : 공적연금, 사적연금 등)

→ 식료품, 교통비, 외식비, 차량유지비 등으로 인플레이션에 비례하여 늘어날 수 있음

- 장점 : 지속가능성이 높다.
- 단점 : 환금성 및 유동성은 낮다.

2) 추가적인 필요자금 : 목돈이나 자산의 형태(자산형-예 : 금융자산, 부동산 등)

→ 비상자금, 여가 활동비, 자유 지출이나 투자 등으로 필요할 때마다 인출해서 사용

- 장점 : 유동성 및 환금성이 높다.
- 단점 : 지속가능성은 제한적이다.

3) 의료비·간병비 : 목돈이나 보험으로 위험관리(예 : 금융자산 등)

## 다층연금제도의 이해

은퇴 후 안정적인 현금흐름을 확보하기 위한 방법으로 다층 연금제도를 활용하는 방법이 있다. 공적연금인 국민연금만으로는 노

후를 대비할 수 없기 때문에 다양한 연금을 조합해 노후소득보장 설계를 하자는 취지에서 다층 연금체계로 발전했다고 할 수 있다. 다층연금체계를 살펴보자.

각 층의 구조는 다음과 같다. 기초연금을 기초로 1층은 공적연금, 2층은 기업의 퇴직연금, 3층은 개인연금, 4층은 주택연금, 농지연금으로 각자의 상황에 맞는 제도를 선택, 노후설계방법으로 활용할 수 있다. 이 방법은 축적된 자산을 소득으로 인출하는 데 제한적일 수 있다는 점과는 달리 현금흐름으로 사용하는 데 적절한 정기적인 소득으로 준비되는 것이기 때문에 노후생활에 안정성을 높이는 데 중요한 역할을 할 것으로 기대된다.

<다층연금체계의 구조>

| 4층 | 주택연금 / 농지연금 |
| 3층 | 개인연금 |
| 2층 | 퇴직연금 |
| 1층 | 국민연금 |
| 0층 | 기초연금 |

- 4층 : 주택연금, 농지연금 - 실물자산을 연금화하여 부족한 노후자금 보완
- 3층 : 개인연금 - 개인의 선택에 의한 추가적인 노후생활 보장
- 2층 : 퇴직연금 - 근로자의 안정적인 노후생활 보장
- 1층 : 국민연금 - 국가 사회보험으로 국민의 기본적인 삶 보장
- 0층 : 기초연금 - 소득과 재산이 기준 이하인 국민의 기초적인 삶 보장

## 0층 연금 : 기초연금제도

기초연금은 만65세 이상으로 대한민국 국적을 가지고 국내에 거주하는 노인들 중 어려운 노후를 보내시는 분들의 빈곤문제를 해결하기 위한 제도이다. 소득하위 70% 이하 노인들을 대상으로 매월 정부에서 일정한 금액을 지급하는 것으로 2023년 기준 월 최대 단독가구 32만 3,180원, 부부가구 51만 7,080원을 지급 받을 수 있다. 매년 소비자물가변동률을 반영하여 기준연금액이 단계적으로 조정되는데, 기초연금을 받기 위해서는 소득, 자산, 주거형태 등 일정한 조건을 충족해야 하며, 2023년 기준 가구의 소득인정액(월 소득평가액과 재산의 월 소득환산액을 합산한 금액)이 선정기준액(월 단독가구 202만원, 부부가구 323만 2,000원) 이하인 경우 신청하여 받을 수 있다.

## 1층 연금 : 국민연금제도

국민의 노령, 장애 또는 사망에 대해 연금 급여를 지급하여 국민의 생활안정과 복지증진에 이바지하는 것을 목적으로 1988년에 시행된 대표적인 사회보험이다. 의무가입으로 소득이 있는 시기에 보험료를 납입, 노후에 매월 연금으로 지급받는 노령연금을 기본으로 하는데 매년 물가 수준을 반영하여 조정되고 생존하는 동안 지급되는 종신연금으로 설계되어 있다.

가입 기간이 10년 이상, 출생연도별 지급개시 연령 이후부터 매월 노령연금을 평생 수령할 자격이 주어진다. 즉 국민연금은 만 60세가 지나면 보험료 납입 의무가 해제되고 급여수급권이 발생하는 구조이다. 가입 대상은 국내에 거주하는 18세 이상 60세 미만 국민이며, 크게 사업장가입자, 지역가입자, 임의가입자 등으로 아래와 같이 나뉜다.

- 사업장가입자 : 1인 이상의 근로자를 사용하는 사업장의 근로자와 사용자. 보험료는 근로자와 사용자가 기준소득월액의 4.5%씩 총 9%를 만 60세에 도달할 때까지 매달 납입한다.
- 지역가입자 : 사업장가입자가 아닌 사람은 당연히 지역가입자이다. 주로 근로자를 고용하지 않는 자영업자가 대상이며 개별적으로 신고한 기준소득월액의 9%를 만 60세에 도달할 때까지 매달 납입한다.
- 임의가입자 : 사업장 및 지역 등 당연가입대상이 아니지만 본인의 선택에 의해 신청하여 가입한 사람을 말한다. 예컨대, 전업주

부는 소득이 없으므로 당연가입자가 아니지만 본인이 신청하는 경우 가입이 가능하고, 보험료 수준은 전체 지역가입자의 기준 소득월액의 중위소득 이상으로 본인이 소득수준을 결정하여 9%를 만 60세 도달할 때까지 매달 납입할 수 있다.

<노령연금 지급연령-2023년 기준>

| 출생연도 | 1953<br>~56년 생 | 1957<br>~60년 생 | 1961<br>~64년 생 | 1965<br>~68년 생 | 1969년 생<br>이후 |
|---|---|---|---|---|---|
| 노령연금 | 61세 | 62세 | 63세 | 64세 | 65세 |
| 조기노령<br>연금 | 56세 | 57세 | 58세 | 59세 | 60세 |

〈※ 출처: 국민연금공단〉

## 2층 연금 : 퇴직연금제도

근로자의 퇴직금 수급권을 보호하기 위해 2005년부터 도입된 제도로, 근로자의 안정적인 노후생활 보장을 목적으로 근로자의 퇴직금 재원을 금융회사인 퇴직연금사업자에 위탁, 외부에서 운용하다가 퇴직자에게 일시금 또는 연금으로 지급하는 제도이다.

퇴직연금제도에는 확정급여형(DB), 확정기여형(DC), 개인형 퇴직연금(IRP)이 있다. 근로자를 고용한 사용자는 이들 중 1개 이상의 제도를 설정하여 운영해야 하며, 근로자는 재직 중 확정급여형, 확정기여형 중 본인이 선택할 수 있고, 퇴직 후에는 일시금 또는 연금 형태 중 선택하여 수령할 수 있다. 연금으로 수령하는 경우 퇴직자는 55세 이상이고 퇴직연금제도 가입기간이 5년 이상이어야 하면 연금은 최소 10년 이상 분할 수령하여야 한다. 퇴직일시금으로 수령하는 경우보다 연금 수령 연차 10년까지는 퇴직소득세 30% 감면, 연금 수령 연차 11년부터는 퇴직소득세 40% 감면 혜택을 받을 수 있다.

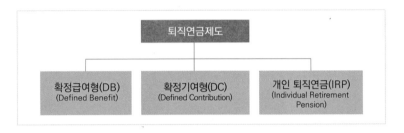

퇴직연금제도의 종류

- 확정급여형(DB: defined benefit retirement pension plan)

  : 퇴직급여=퇴직 직전 3개월 월 평균임금×근속연수

  사용자는 퇴직급여 재원을 퇴직연금사업자인 금융회사에 위탁하여 운용, 운용에 따른 투자손익이 전적으로 사용자에게 귀속되기 때문에 운용실적에 상관없이 근로자는 정해진 퇴직급여를 받는다

- 확정기여형(DC: Defined Contribution Retirement Pension Plan)

  : 퇴직급여=부담금 총액±운용수익

  사용자는 근로자의 연간 임금총액의 12분의 1 이상을 매년 1회 이상 정기적으로 근로자의 퇴직연금계좌에 부담금으로 납입하여야 한다. 조성된 적립금은 근로자 본인이 운용하며 이에 대한 투자손익은 근로자 본인이 부담한다

- 개인형퇴직연금(IRP: Individual Retirement Pension Plan)

: 근로자가 재직 중에 자율로 가입하거나 퇴직 시 받은 퇴직급여를 계속해서 적립, 운용할 수 있다. 본인이 부담금을 추가로 납입하는 경우, 개인연금제도와 합산하여 연간 900만 원까지 세액공제 혜택이 부여된다.

## 3층 연금 : 개인연금제도

국민연금, 퇴직연금제도와 함께 노후준비를 위해 1994년에 도입되었다. 개인이 납입하는 금액에 세제혜택을 부여하는 세제적격 개인연금(연금저축상품)과 여기에 해당하지 않는 세제비적격 개인연금(연금보험상품)으로 나뉜다.

세제적격 개인연금

<세제적격 개인연금 세제혜택 - 2023년 기준>

| 연간소득구간 | | 세액공제한도 | | | 세액공제율 | 세액공제한도 |
|---|---|---|---|---|---|---|
| 총급여 | 종합소득금액 | 전체 | 연금저축 | IRP | | |
| 5,500만 원 이하 | 4,000만 원 이하 | 900만 원 | 600만 원 | 900만 원 | 16.5% | 148.5만 원 |
| 5,500만 원 이상 | 4,000만 원 이상 | 900만 원 | 600만 원 | 900만 원 | 13.2% | 118.8만 원 |

적립기간 중 납입한 금액에 대해 세제혜택을 받은 만큼 연금을 수령할 때는 연금소득세(5.5%~3.3%)를 과세하고, 연금이 아닌 일시금으로 수령하면 세액공제를 받은 총납입액과 연금저축계좌의 운용실적에 따른 운용수익에 대해서는 기타소득세(주민세 포함 16.5%)가

부과된다.

<금융권역별 연금저축상품 특성>

| 구분 | 은행 | 자산운용회사 | 생명보험회사 | 손해보험회사 |
|------|------|------|------|------|
| 상품구분 | 연금저축신탁 | 연금저축펀드 | 연금저축보험 | 연금저축보험 |
| 주요 판매회사 | 은행 | 증권사, 은행, 보험사 | 증권사, 은행, 보험사 | 증권사, 은행, 보험사 |
| 납입방식 | 자유적립식 | 자유적립식 | 정기납입 | 정기납입 |
| 적용금리 | 실적배당 | 실적배당 | 공시이율 | 공시이율 |
| 연금수령 방식 | 확정기간형 (기간제한 없음) | 확정기간형 (기간제한 없음) | 확정기간형, 종신형 | 확정기간형 (최대 25년까지) |
| 원금보장 | 비보장* | 비보장 | 보장 | 보장 |
| 예금자보호 | 보호 | 비보호 | 보호 | 보호 |

* 2017년까지 가입한 연금저축신탁은 원금보장이었으며, 2018년부터는 신규판매를 중단.
<출처 : 금융감독원 통합연금포털(https://www.fss.or.kr/)>

상품별 운용 종목과 관련해서 예를 들면 연금저축펀드계좌는 하나의 계좌에서 펀드, ETF 등에 분산투자할 수 있고, 투자자의 투자성향에 따라 주식형, 채권형, 혼합형 등 투자대상 간 전환도 자유로워 적립금 운용이 가능하다.

### 세제비적격 개인연금

개인연금보험은 생명보험에서 취급하는 저축성보험으로 납입하는 보험료에 대한 세액공제 등의 세제혜택이 없다. 그러나 예외적으로 보험료를 한 번에 납입하는 일시납 연금보험은 1억 원을 한도로, 매월 보험료를 납입하는 월납 연금보험은 매월 150만 원을 한도로 10년 이상 계좌를 유지하면 저축성 보험차익에 대해 모두 비과세된다. 전업주부와 같은 소득이 없는 사람은 세제적격 연금저축 상품보다는 연금보험에 가입하는 것이 절세에 유리하다. 왜냐하면 근로소득이 없으면 세액공제 혜택을 받을 수 없으며 세제적격 연금 저축상품의 경우 발생한 수익에 대해 연금소득세 또는 기타소득세 가 부과되지만, 개인연금보험은 보험차익에 대해 비과세 혜택을 받 을 수 있기 때문이다.

## 4층 연금 : 주택연금제도

실물자산인 부동산을 연금자산으로 유동화하는 상품이다. 2023 년 현재 가입조건은 부부 중 1명이 만 55세 이상으로, 부부 기준 소 유주택(다주택 포함)의 합산 공시가격이 9억 원(시가 약 12~13억 원) 이하 이면 가능하다. 단, 합산 공시가격이 9억 원을 초과하면 3년 이내에 주택을 처분하여 9억 원 이하로 조정하면 가능하다.

<주택연금 상품구조>

〈 ※ 출처: HF 한국주택금융공사〉

주택연금은 한국주택금융공사에서 연금가입자를 위해 은행에 보증서를 발급하고 은행은 공사의 보증서에 의해 가입자에게 주택연금을 지급하는 구조로 이루어진다. 가입자나 배우자 모두에게 해당 주택에 평생 거주를 보장하고, 부부 중 한 명이 사망한 경우에도 기존 연금액은 감액 없이 100% 지급된다. 만약 가입자나 그 배우자 모두 사망 후 주택을 처분한 결과 연금수령액 등이 집값을 초과하여도 상속인에게 그 차액을 청구하지 않는다.

반대로 주택을 처분한 값이 연금수령액보다 더 크면 남은 금액은 상속인(자녀)에게 지급한다. 물론 주택가격의 상승 등으로 상속인이 주택을 다시 상속받고 싶으면 관련 수수료를 포함하여 지급받은 연금총액을 상환하고 주택의 상속권을 돌려받을 수 있다.

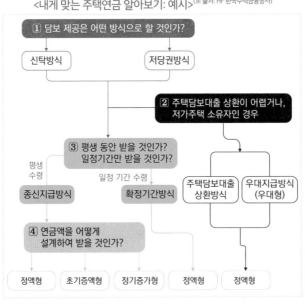

&lt;내게 맞는 주택연금 알아보기: 예시&gt;(※ 출처: HF 한국주택금융공사)

| 구분 | 정액형 | 초기증액형 | 정기증가형 |
|---|---|---|---|
| 연금 수령 방식 | 평생 동안 동일한 금액을 수령 | 가입 초기 일정기간은 정액형보다 많이, 이후에는 정액형보다 덜 수령 | 3년마다 4.5%씩 일정하게 증가한 금액을 수령 |
| 연금 수령 스케줄 | ——— | ⎸‾‾‿___ | ___⎾‾⎾‾ |

〈※ 출처 : HF 한국주택금융공사〉

## 4층 연금 : 농지연금제도

농지연금은 만 60세 이상, 영농경력 5년 이상의 농업인이 소유한 농지를 담보로 일정 생활자금을 매월 연금처럼 지급하는 제도(농림축산식품부)이다. 가입자 사망 시 담보 농지를 처분해 연금으로 지급됐던 채무를 상환하는 방식이다. 농지연금 월 지급금은 최대 300만 원까지로 연금을 받으면서 담보 농지를 계속 경작하거나 임대할 수 있어 추가 소득을 얻을 수 있는 것이 큰 장점이다. 연금 채무 상환 시 담보 농지 가격보다 연금을 많이 받은 경우 상속인에게 청구하지 않으며 반대로 담보 농지를 처분하고 상환 후 남은 금액이 있으면 상속인에게 돌려준다.

## 노후생활자금을 위한 연금의 설계

은퇴설계의 핵심은 필요한 노후생활비를 기준으로 얼마씩, 언제부터 모아야 할지, 그리고 은퇴 후 언제부터 얼마씩 인출해서 쓸 것이고 그렇게 언제까지 쓸 수 있는 지이다. 이를 위해 가장 먼저 설정해야 하는 것은 은퇴 후 예상되는 노후생활비이다. 은퇴 후 예상되는 월 기본생활비 외 필요한 자금을 계산하고, 은퇴 이후 생존가능 기간을 산출한다. 내가 준비한 연금상품으로 필요자금이 충족되는 지 혹은 부족한 경우 추가로 개인연금을 준비할 것인지 등 보유한 자산을 통해 어떻게 부족분을 보완할 것인지에 대한 구체적인 방안 까지 나와야 한다.

<노후생활자금을 위한 연금설계(예시)>

| 구분 | 비고 |
|---|---|
| ① 목표연금(은퇴 이후 예상 월 생활비 | 은퇴 직전 3년 평균 월 생활비 기준으로 적정 수준을 설정 (예 : 60~70%) |
| ② 은퇴기간(=예상사망연령-은퇴연령) | 개인별 상황 및 생명표의 기대여명 등을 참조 |
| ③ 목표 노후생활자금 | 월 생활비×12×은퇴기간(年) |
| ④ 준비된 노후생활자금 | 통합연금포털을 통한 가입연금정보조회 |
| ⑤부족 노후생활자금 | 목표 노후생활자금-준비된 노후생활자금 |
| ⑥ 부족 노후생활자금 마련 | 개인연금 추가 가입, 주택연금 활용 등 |

〈출처 : 실용금융, 금감원〉

참고로 금융감독원의 통합연금포털(https://100lifeplan.fss.or.kr)에 서는 연금 관련 온라인 원스톱 정보 서비스를 제공하고 있다. '내 연 금조회' 메뉴에서 개인별 국민연금, 퇴직연금, 개인연금 가입내역 및 연금 수령 예상액을 조회하고, '노후 재무설계' 메뉴에서는 나이, 은퇴시기 등 간단한 정보만을 입력해도 노후 필요자금 및 월 필요생 활비를 계산할 수 있다. 한편 '연금상품 비교공시' 메뉴를 통해 금융 회사별, 상품별 수익률 및 수수료율을 비교해볼 수 있다.

## 연금상품의 선택

연금을 가입할 때는 먼저 금융상품을 가입하려는 목적이 무엇인지를 확인해야 한다. 만일 납입한 금액을 단기 또는 장기로 주택자금이나 교육비, 결혼자금 등으로 활용할 목적이면 연금이 아닌 적금이나 펀드 등을 활용하는 것이 유리하다. 노후자금은 중도에 해지하지 않고 장기간 운용할 수 있는 자금을 대상으로 해야 한다.

다음은 세제 혜택을 보아야 한다. 연금저축은 납입하는 동안 연말정산 과정에서 세액공제 혜택이 있지만, 연금을 수령할 때는 연금소득세를 납입해야 한다. 반면에 세제비적격 연금보험은 일정 요건 충족 시 저축 기간 동안 발생한 보험차익에 대해 이자소득세를 부과하지 않는, 비과세 혜택을 누릴 수 있다. 이 두 가지를 비교해서 유리한 쪽으로 선택한다.

한편 자신의 투자 성향을 고려하여 원금보장에 중점을 둘 것인지(위험회피형) 아니면 다소 위험부담이 있더라도 투자수익에 중점을 둘 것인지(위험선호형)의 여부를 결정해야 한다. 직장생활을 하는 동안 단순히 연말정산의 세액공제 혜택을 원하고 위험회피성향이라면 세제적격 연금저축보험이 적합할 것이고, 투자수익까지 고려한다면 증권사의 세제적격 연금저축펀드가 적합할 수 있다.

<연금상품 선택절차>

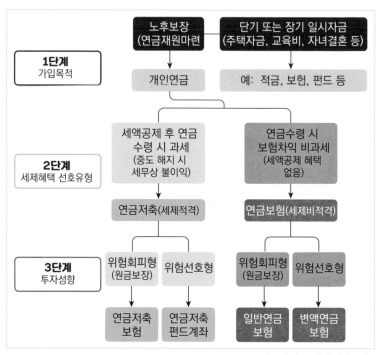

〈※ 출처: 금감원 실용금융〉

252

# 노후를 위협하는
# 3대 주요 리스크

## 노년은 리스크 천국

노년기에 직면할 수 있는 위험요소들은 나이가 들수록 만성질환이나 인지력 저하 등에 취약해지는 건강 문제, 생계를 유지하기에 부족한 재정적인 빈곤, 외로움이나 우울증 등으로 이어질 수 있는 사회적 고립, 신체적·정서적·재정적 학대 등 다양하다. 특별히 노후에 재무적으로 중대한 영향을 미칠 수 있는 몇 가지 리스크에 대해 알아보자.

## 가족 구성원 리스크

은퇴 생활자에게 가족 구성원으로 인한 리스크는 생각보다 심각한 재무적 리스크를 초래할 수 있다. 예를 들어 동거 여부와 상관없이 자녀와 생존에 계신 양가 부모님으로 인한 리스크가 될 수 있다. 자녀들이 긴급한 금전적인 문제를 겪거나 학비, 결혼비용, 주택 구입 등 큰 지출을 하는 경우 은퇴 생활자인 부모님의 재정적인 지원을 요청할 수 있다.

통계청 자료에 따르면 자녀와 함께 동거하고 있는 60세 이상의 고령자 비중은 약 29.3%이다. 이들이 자녀와 함께 사는 이유는 다양한데, 대부분 자녀의 경제적·건강상 이유로 인해 자녀의 독립생활이 불가능한 것으로, 성년 자녀에 대한 부양 부담은 노후준비에 가장 큰 부담요소이면서 은퇴 후 생활 중에도 여전히 존재하는 것으로 나타나고 있다.

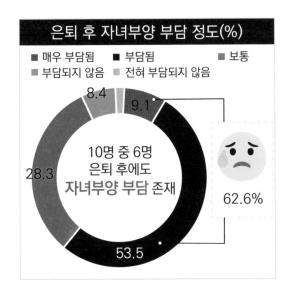

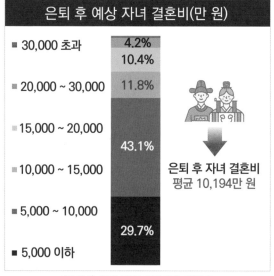

## 은퇴 후 예상 자녀 교육비(만 원)

- 20,000 초과 — 2.0%
- 10,000 ~ 20,000 — 13.0%
- 5,000 ~ 10,000 — 30.4%
- 3,000 ~ 5,000 — 26.3%
- 1,000 ~ 3,000 — 22.3%
- 1,000 이하 — 6.1%

**은퇴 후 자녀 교육비**
평균 6,989만 원

## 은퇴 후 예상 자녀 결혼비(만 원)

- 30,000 초과 — 4.2%
- 20,000 ~ 30,000 — 10.4%
- 15,000 ~ 20,000 — 11.8%
- 10,000 ~ 15,000 — 43.1%
- 5,000 ~ 10,000 — 29.7%
- 5,000 이하

**은퇴 후 자녀 결혼비**
평균 10,194만 원

〈※ 출처: 2020 KIDI 은퇴시장 리포트〉

- 10명 중 6명이 은퇴 후에도 자녀부양 부담이 존재
- 은퇴 후 자녀 1인당 예상하는 자녀 교육비 평균 6,989만 원 수준, 자녀 결혼 비용 평균 1억 194만 원 수준

　한편 배우자의 부모님을 포함, 생존에 계신 부모님들의 생활비, 건강 문제, 장기간의 요양비용 등으로 인한 재정적인 부담도 리스크로 발생할 수 있다. 부모님의 의료 보험 혜택이 부족하거나 없는 경우, 그들의 요양비용을 지불하는 것은 은퇴 생활자에게 재정적으로 매우 큰 부담이 될 수 있다.

　이러한 가족구성원으로 인한 리스크를 대비하기 위해서는, 노후 준비 단계에서 자녀와 부모님을 위한 예비 자금을 구성·준비하여 긴급한 상황이 발생했을 때 필요한 금전적인 지원을 하는 방법이나 의료보험, 장기요양보험 등을 가입하여 부모님들의 건강 문제나 요양비용에 대비할 수도 있다. 자녀와의 소통을 평소에 유지하고 금전적인 문제에 대해 미리 계획하고 합의안을 함께 세우는 것이 중요하다.

　특히 부모의 노후준비에 대한 상황을 이해시키고 자녀들에게 금전적인 지원을 해줄 수 있는 한계를 명확히 하고, 자녀들도 자신들의 금전적인 상황을 평소에 솔직하게 나눌 수 있도록 유도하는 것이 필요하다. 가족 간의 신뢰와 이해를 높이고 금전적인 문제에 대한 대처 방안을 함께 고민하는 것이 필요하다.

## 금융시장의 변동성 리스크

인플레이션과 금리를 포함하여 금융시장의 변동성은 은퇴생활자에게 매우 중요한 문제이다. 이는 은퇴생활자의 생활 수준을 위협할 수 있으며 자산 가치와 수익을 감소시킬 수 있기 때문이다. 예를 들어, 인플레이션이 상승하면 현재의 돈의 가치가 떨어지기 때문에 은퇴생활자들은 더 많은 돈을 필요로 할 것이다.

만일 금리가 상승하면 고정수익형 투자에서는 높은 이자 수익을 받을 수 있지만, 주식 등의 위험자산에서는 손실을 볼 수도 있다. 이와 같이 금융시장의 변동성은 투자수익을 크게 낮추거나 때에 따라서는 투자 금액 자체를 상실하는 결과를 초래할 수 있다.

<인플레이션 예시>

| 물가<br>상승률 | 첫 해 | 10년 후 | 20년 후 | 30년 후 | 40년 후 | 50년 후 |
|---|---|---|---|---|---|---|
| 2% | 200만 원 | 244만 원 | 297만 원 | 362만 원 | 441만 원 | 538만 원 |
| 5% | 200만 원 | 325만 원 | 530만 원 | 864만 원 | 1,407만 원 | 2,293만 원 |

*매년 물가상승률이 2%라고 가정할 때, 은퇴 첫해 200만 원으로 지출했다면,
10년 후에 동일한 구매력을 유지하기 위해서는 244만 원이 필요하다.

이러한 금융시장의 변동성 리스크에 대비하기 위해서는 무엇보다 은퇴생활자는 자신의 재정 상황과 적정한 목표 수익률에 따라 적절한 투자금액을 결정하고, 포트폴리오를 다변화하여 투자 위험을 분산시켜야 하며, 주식채권부동산 등 다양한 자산군에 투자함으로써 하나의 자산군에 대한 위험성이 크게 영향을 미치지 않도록 하는 것이 필요하다. 자신이 투자하는 금융상품의 특징과 위험성을 이해

하고, 금융시장의 변동성에 대비하여 비상자금을 마련하여 변동성이 예상되는 시기에 자금을 인출하여 생활비를 지출하는 데 문제가 없도록 세심한 준비와 계획이 필요하다.

## ▌의료비 리스크

우리나라 사람들이 질병·부상으로 고통받지 않고 건강하게 사는 건강수명은 얼마나 될까? 통계청에 따르면, 2020년 기준으로 질병이나 부상으로 활동하지 못한 유병기간을 제외한 건강수명은 66.3년으로, 우리나라 평균수명 83.6년 가운데 17.3년은 병으로 고생하면서 산다고 한다. 은퇴생활자에게는 건강 리스크가 가장 큰 문제가 된다. 한 조사에 의하면 65세 이상 노인의 95.3%가 만성질환을 가지고 있으며, 그들 중 71%가 2개 이상의 복합 만성질환을 가지고 있고 평균 4.1개의 만성질환으로 앓고 있는 것으로 나타났다. 나이가 들수록 심장병, 관절염, 치매와 같은 만성적인 건강 상태나 장애에 더 취약해질 가능성은 높아지고, 이는 삶의 질에 영향을 미치는 것과 동시에 추가적인 의료비 부담을 요구할 수 있다.

은퇴한 후에는 직장에서 제공해주던 건강보험 혜택을 받을 수 없어 개인적으로 건강보험에 가입하는 등 의료비 부담이 크게 증가할 가능성이 있다. 의료비는 노인 세대가 가장 부담을 느끼는 소비지출 항목 중의 하나로, 높은 유병률과 유병기간 장기화에 따라 의료비의 필연적 지출은 증가할 것으로 예상된다. 부상과 질병 등에 의료비는 필요 시기를 예측할 수 없고 때에 따라서는 단기간에 큰 비용이 들어갈 수 있다. 이러한 예상치 못한 의료비는 우발부채(偶發

負債, 예기치 않게 발생한 부채)로서 노후파산의 주범이 되기도 한다. 노후를 대비하여 노후생활비 마련만 하면 된다고 생각하지만, 정작 은퇴자들을 곤경에 빠지게 만드는 것은 생활비가 아니고 예상치 못한 의료비가 주범인 경우가 많다.

이러한 의료비와 간병비용에 대비하기 위해서는 우선 건강한 식습관과 꾸준한 운동, 금연 등을 통한 만성질환의 발생 예방이 제일 중요하다. 다음으로 국민이면 누구나 가입한 국민건강보험과 별도로 의료비를 보장하는 종합보험 등의 상품 가입도 고려할 만하다. 은퇴 전에 의료비를 예측하고 저축을 별도로 해두는 것도 방법이 될 수 있으며, 은퇴 후에도 건강한 상태를 유지하기 위한 정기적인 건강검진과 국가의 의료비 지원제도, 복지시설 등을 적극 활용하여 의료비 부담을 줄이는 노력이 필요하다.

# 알아두면
# 좋은 제도

## 기초연금제도

노후생활을 하는 데 알아두면 유용한 제도들이 있다. 가장 기본이 되는 제도는 '기초연금제도'다. 이 제도는 현재의 심각한 노인 빈곤 문제를 해결하면서, 미래 세대의 부담을 줄이고 어려운 노후를 보내는 노인들을 도와주기 위해 도입된 것이다. 만 65세 이상이고 대한민국 국적을 가지고 국내에 거주하는 국민 중 가구의 소득인정액(소득평가액과 재산의 소득환산액의 합산 금액)이 선정기준액 이하인 단독가구나 부부가구가 대상이다. 2014년 7월부터 기존의 기초노령연금제도가 폐지되고 기초연금제도로 시행 되었다. 2023년 기준연금액은 단독가구 월 323,180원, 부부가구 517,080원으로 기초연금액은 매년 전년도 소비자물가상승률을 반영하여 지급된다.

## 노인 일자리 및 사회활동 지원 사업

노인이 활기차고 건강한 노후 활을 영위할 수 있도록 공익활동, 일자리, 재능 나눔 등 다양한 사회활동에 지원하는 프로그램이다. 노인 독신가구 및 경제무능력자와 동거하는 노인 가구를 우선으로 참여 기회를 제공한다.

## 장기요양보험제도

고령이나 노인성 질병 등으로 일상생활을 혼자 수행하기 어려운 이들에게 신체활동, 가사 동의 지원 또는 간병 등의 서비스나 이에 갈음하는 현금 등을 제공함으로써, 노후생활의 안정과 그 가족의 부담을 덜어주기 위한 제도이다. 65세 이상 노인 또는 치매, 중풍, 파킨슨병 등 노인성 질병을 앓고 있는 65세 미만인 자 중 6개월 이상의 기간 동안 일상생활을 수행하기 어려워 장기요양서비스가 필요하다고 인정되는 자가 대상이다. 은퇴자들은 본 제도를 통해 저렴한 의료 서비스를 이용할 수 있다.

## 기초생활보장제도

생활이 어려운 사람의 최저생활을 보장하고 자활을 돕기 위해 생계, 주거, 장제, 의료, 그리고 자활 등에 필요한 급여를 선정기준에 따라 지급하는 제도이다.

## 노인실명예방관리사업

60세 이상 모든 노인(단, 안과취약지역 저소득층 우선)을 대상으로 한

무료안검진 및 개안수술, 저시력 노인을 위한 재활사업 등 노인실명예방관리를 위한 지원사업이다. 노인에 적합한 각종 건강증진 및 관리프로그램의 개발 보급을 통해 고령사회에 적응할 수 있는 노인의 건강 향상 및 의료비 절감 효과가 있다.

## 치매치료관리지원사업

만 60세 이상 치매진단을 받고 치매치료약을 복용하는 경우 치매치료관리비 보험급여분에 대한 본인부담금(치매약제비+약 처방 당일의 진료비)을 월 3만 원(연간 36만 원) 상한 내 실비 지원을 하는 제도이다.

## 노인주거복지시설

기초생활수급자, 차상위계층 등 65세 이상자가 돌봄이 필요한 노인은 시설별 입소 자격여건에 따라 양로시설, 노인 공동생활가정, 노인복지주택 등을 이용할 수 있다.

## 재가노인복지시설

심신이 허약하거나 장애가 있는 65세 이상의 자로서 장기요양급여수급자 중 재가급여 대상자가 다음의 서비스를 제공하는 시설(재가노인복지시설)에서 다음의 서비스를 이용할 수 있는 제도이다. 제공받는 서비스 형태는 방문요양, 주야간보호, 단기보호, 방문목욕, 재가노인지원, 그리고 방문간호 서비스 등 다양하다.

## 노인의료복지시설

기초생활수급자 중 65세 이상의 자, 부양의무자로부터 적절한 부양을 받지 못하는 65세 이상의 자 등이 노인요양시설·노인요양 공동생활가정 등의 시설에 입소 가능한 제도이다.

## 노인여가복지시설

노인의 복리증진에 필요한 교양·취미생활 및 사회참여 활동을 위한 각종 정보와 서비스 등을 제공하는 시설들, 예를 들이 노인복지관, 경로당, 노인교실 등의 노인여가복지시설은 지방자치단체에 의해 설치·운영되고 있다. 이러한 시설을 통한 서비스 제공은 일상생활 활동에 도움이 필요한 사람들에게 사회적 상호작용과 활동의 기회를 제공할 것으로 기대된다.

## 이용요금 할인제도

65세 이상의 자가 신분증을 제시하면 수도권 전철, 철도(도시철도), 새마을호, 무궁화호, 국공립 공원/박물관/미술관/국악원 등을 이용 시 일정 이용요금을 할인 받을 수 있다.

## 복지 포털과 친해지자

중앙정부와 지자체 그리고 민간에서 노인과 관련한 생활지원, 일자리, 문화·여가 및 보호·돌봄 서비스 등을 시행하고 있다. 다양한 정책과 서비스 등은 대한민국 대표 복지포털인 '복지로'에서 찾아볼 수 있다. 특히 내 상황에 맞는, 내가 받을 수 있는 복지혜택에는 어떤 것들이 있는지를 '맞춤형급여안내' 신청을 통해 확인할 수 있다.

그 외에 법제처에서 운영하는 '찾기쉬운 생활법령정보'에서도 다양한 복지제도에 대해 검색해볼 수 있다. 끝으로 한국의 상당수 복지제도는 '신청주의'의 형태로, 제도의 혜택을 받고자 하는 사람이 신청을 해야만 복지혜택을 받을 수 있다는 점을 기억하자.

대한민국 대표 복지포털 '복지로'

(https://www.bokjiro.go.kr/ssis-tbu/index.do)

## 〈찾기쉬운 생활법령정보〉

(https://www.easylaw.go.kr/CSP/Main.laf)

# 48일 완성 주린이 탈출기

이권복 지음 | 17,000원

**"시작하기엔 너무 늦지 않았을까?" "아직 괜찮아!"
남들 다하는 주식 투자, 더 이상 주저하지 마라!**

너도나도 차트를 보며 주식 투자에 대해 이야기한다. 수익이 몇 퍼센트 났다는 이야기를 들으면 나도 한번쯤 해보고 싶다. 그런데 아직도 주식이 너무나 어렵게 느껴져 막상 시작하기 두렵다면? 그런 사람들을 위해 《48일 완성 주린이 탈출기》가 나왔다! 이 책은 주식의 'ㅈ' 자로 모르는 주식 왕초보들이 주식 투자를 알기 쉽게 공부할 수 있도록 매일 하루에 한 챕터씩 보도록 만들었다. 이 책을 따라 하면 무슨 말인지 모르는 주식 용어부터 좋은 종목 찾는 방법까지 머리에 쏙쏙 들어올 수 있다.

# 집은 넘쳐나는데
# 내 집은 어디 있나요?

부동탁 지음 | 16,000원

**부알못 탈출부터 내 집 마련, 부동산 투자까지
빠르면 빠를수록 좋은 부동산 노하우**

많은 사람이 경제 위기 때는 투자를 망설인다. 그러나 부자들은 남들이 주저할 때 과감히 부동산에 투자한다. 집값은 반드시 오른다는 믿음이 있기 때문이다. 이 책은 부동산 투자를 시작하고 싶어도 잘 모르는 '부알못'들에게 부동산에 대한 기초 지식을 전달하면서 '할 수 있다'는 부자 마인드와 구체적인 방법을 제공한다. 또한 종잣돈 3천만 원으로 직장인, 신혼부부, 사회 초년생들이 내 집 마련을 할 수 있는 방법을 알려준다. 집 없는 욜로, 집 없는 워라밸은 없다. 지금 바로 두려움을 뛰어넘어 내 집 마련의 길로 들어서라!